NON MIHI SED POSTERIS
Nicht für mich, sondern für die Nachwelt

Inschrift über dem Portal des Herrenhauses Schierensee

Michael Radtke

Zu Gast auf den Gütern

Herrenhäuser in Schleswig-Holstein

Verlag Boyens & Co.

Inhalt

EINLADUNG, GANZ PERSÖNLICH

O ja, es stimmt: Für mich war Schleswig-Holstein schon immer mit herrlicher Natur und endlosen Rapsfeldern verbunden; aber was sich mir nun bei meinen Dreharbeiten eröffnet hat – das ist eine ganz neue Welt. Eine einzigartige Kulturlandschaft mit funkelnden Wasserläufen und dunklen Seen. Folgt man ihnen, dann führen nicht selten uralte Lindenalleen auf Kleinodien zu, eingebettet in die sanften Hügel des Nordens: „Herrenhäuser", deren Tore sich knarrend für uns öffnen. Aus gutem Grund nicht für jedermann, denn die meisten befinden sich in privatem Besitz. Doch für Sie, liebe Leser, den Autor und für mich haben die Eigner einmal eine Ausnahme gemacht.

Zwischen dem Elbufer und der Flensburger Förde trifft man auf mehr als siebzig dieser faszinierenden Ensembles. Gerade an den Herrenhäusern, die nach dem Mittelalter entstanden sind, läßt sich die farbige Geschichte des Landes zwischen den Meeren wunderbar ablesen. Die Gebäude mit ihren kostbaren Einrichtungen und der fein abgestimmten Architektur verkörpern nicht nur eine Kultur-, sondern auch eine Lebensform; verflochten sind Haus und Hof, „Arbeit" und „Repräsentation", Bewahrung und Fortschritt. Finden Sie nicht auch, daß das sehr moderne Züge trägt?

Ich habe viel gelernt, als ich zu Gast auf den Gütern sein durfte. Einige der Häuser in den großen Parks kannte ich vom Vorbeifahren, und das Herrenhaus Wotersen war mir noch als Schauplatz der Fernsehserie „Schloß Guldenburg" vertraut. Doch aus der Nähe sieht alles anders aus. Vor allem durch die Bewohner! Was wären Gemäuer ohne menschlichen Charme, sei es in Geschichte oder Gegenwart?

Alida Gundlach

Mein Respekt gilt den Familien, denen es gelungen ist, ihren Besitz seit Jahrhunderten kontinuierlich zu pflegen und zu entwickeln. Von ihnen ist in diesem Buch gleich zu Anfang die Rede, meistens Menschen mit einem „von" vor dem Nachnamen; doch ohne deftig bürgerliches Engagement wäre so manches Herrenhaus längst verfallen.

Dabei ist die Palette des Erhaltenswerten unendlich breit: Sie reicht von der Parklandschaft in Jersbek bis zum Dorfkrug auf Gut Panker. Von der Konzertscheune in Hasselburg bis zu den pompejanischen Wandmalereien im Festsaal von Emkendorf. Vieles ging in all' den Jahren verloren oder wurde zerstört, doch immer noch ist die Substanz jede Anstrengung wert. Wenn Sie mich auf unserer Reise über die Güter begleiten, werden Sie mir gewiß zustimmen. Und Sie werden dabei atemberaubende Landschaften, traumhafte Häuser und hochinteressante Menschen kennenlernen.

Vier nach griechischem Vorbild gefertigte Säulen tragen den dreieckigen Giebel an der Hofseite des Herrenhauses Knoop, das 1796 an der Stelle einer alten Wasserburg von dem jungen dänischen Architekten Axel Bundsen errichtet wurde. Knoop gilt als das Hauptwerk des klassizistischen Stils im Lande.

Gut Wahlstorf am Lanker See bei Preetz. Das Herrenhaus aus der Mitte des 16. Jahrhunderts gehört zu den ältesten in Schleswig-Holstein; deutlich erkennbar: die beiden längsseitigen Parallelhäuser.

Herrenhaus Emkendorf, vom Park aus betrachtet. Unter den Besitzern Julia und Fritz Reventlow traf sich hier Ende des 18., Anfang des 19. Jahrhunderts die Intelligenzia des Nordens zu gescheiten Gesprächen, Spaziergängen und Festivitäten.

Gut Hasselburg bei Neustadt in einer Ansicht von A. Hornemann (um 1850). Das vom Architekten Greggenhofer aufwendig gestaltete Torhaus (links) ist ebenbürtiger Gegenpol zu dem eher schlichten Herrenhaus im Hintergrund.

Die große Halle in Hasselburg (links) gehört zu den schönsten Räumen der Barockzeit auf den Gütern. Sie wurde schon immer für Konzerte benutzt. Hasselburgs Hausherren, das Ehepaar Körting-Beurmann, setzen diese Tradition fort. Außerdem sammelt Andreas E. Beurmann alte Instrumente, von denen hier einige besonders erlesene Exemplare zu sehen sind. Weniger verspielt: der Keller von Herrenhaus Ludwigsburg. Die mächtigen Balken und Gewölbe stammen noch von den Vorgängern des heutigen Bauwerks.

Herrenhaus Salzau bei Mondlicht. In dieser Beleuchtung scheint der riesige Bau, der als Landeskulturzentrum seine Bestimmung gefunden hat, auf dem Wasser zu schweben. Er war Ende des letzten Jahrhunderts im Auftrag des Gutsherrn Otto Graf Blome in nur einem Jahr in der Nähe des Selenter Sees aus dem Boden gestampft worden.

Das Herrenhaus Panker im Besitz des Landgrafen von Hessen gehört zu den gepflegtesten Anlagen. Sein formaler Garten an der Vorderfront des Hauses vermittelt einen Eindruck von der Pracht der französischen Gärten des Barock.

Türme, Zinnen, Gauben, ein großes weißes Haus und dahinter ein Golfplatz: So bietet sich Schloß Breitenburg bei Itzehoe den Besuchern dar. Hausherr Breido Graf zu Rantzau hat schon vor Jahren die tief gelegenen, schwer zu bewirtschaftenden Ländereien einer modernen Nutzung zugeführt. Seine Frau Elke ist die tatkräftige Managerin des florierenden Golfclubs.

Über dem Tal der Kossau bei Lütjenburg stemmt sich die geradezu imperial anmutende Fassade des Herrenhauses Helmstorf empor. Der Platz ist ganz alt und die Familie von Buchwaldt besiedelt ihn seit 350 Jahren. Doch die Fassade wurde dem Gebäude erst im 19. Jahrhundert verpasst; sie kennzeichnet die Spätphase der Herrenhäuser.

Schierensee unweit von Kiel ist das am besten erhaltene Herrenhaus Schleswig-Holsteins. Seine exzellente Innenausstattung – hier ein „Altonaer Schrank“ im Gartensaal – zeigt die adlige Wohnkultur des 18. Jahrhunderts. Besitzer Günther Fielmann will aus dem Anwesen wieder einen lebendigen Gutshof machen: Die Brillenschafe sind schon da.

„Schönheit und wahrer Nutzen“

Dem Geheimnis der Herrenhäuser auf der Spur

Über die Herrenhäuser Schleswig-Holsteins ist bereits viel geschrieben worden. Herrenhäuser und die sie umgebende Kulturlandschaft zählen nun einmal zur „Schokoladenseite“ des Landes zwischen den Meeren. Es gibt historische Aussagen, wissenschaftliche Abhandlungen, summarische und regionale Übersichten, Monographien, Bildbände und Reiseführer. Warum dann noch ein weiteres Buch?

Michael Radtke

Die Antwort, nach jahrelanger Beschäftigung mit dem Thema, fällt leicht: Weil mir trotz aller Informationen noch niemand richtig erklären konnte, worin die immerwährende Faszination, die von den Herrenhäusern und ihren Umgebungen ausgeht, eigentlich besteht. Ich möchte gerne verstehen, was diese Gutsareale so attraktiv macht. Und ich bin sicher: Erst dann schließt sich – auch für die Leser, die Betrachter, die Besucher – wirklich der Kosmos auf, der sich hinter den langen Alleen, den Torhäusern, den Gattern, den Schildern mit der Aufschrift „Privat/Zutritt verboten“ in der Tat verbirgt.

Beginnen wir unsere Reise mit einer Stippvisite in Krieseby. Ja, Krieseby ist wirklich ein gutes Beispiel. Ich finde die Anlage insgesamt nicht gerade eindrucksvoll, verglichen mit den Höhepunkten der Herrenhaus-Entwicklung. Das Gutshaus – ein simpler Backsteinbau. Das Torhaus – unausgewogen hochgetürmt. Dennoch treffe ich bei meinem Besuch Dutzende von Menschen an, die staunend davorstehen und geradezu andächtig ihren Blick über die Scheunen und die Hofallee schweifen lassen, an deren Ende ein knallgelbes Kinderdreirad vor einer Sandsteintreppe zu erkennen ist.

Gewiß hofft man, einen Blick auf Graf und Gräfin zu erhaschen, wie sie hoch zu Roß, von ihrem treuen Jagdhund begleitet, in die Feldmark ausreiten. Die Bilder aus den bunten Blättern beginnen zu laufen ... Alles falsch. Krieseby in der Landschaft Schwansen bietet sich als zutiefst bürgerliche Gutsanlage dar, erbaut bereits im 18. Jahrhundert von dem Eckernförder Großkaufmann Otte. Genau genommen, ist Krieseby die Imitation eines adligen Guts. Sehnsuchts-Architektur.

Auf unserer Suche nach dem „Herrenhaus-Faktor“, der ganz spezifischen Faszinationsgrundlage, können wir immer wieder auf solche Ensembles stoßen, deren Erbauer und Besitzer dem Zauber des Milieus offenkundig erlegen waren. Wenn sich dann die Prägekraft eines gewachsenen Stils noch weniger auswirkte als in Krieseby, also zum Beispiel am kaiserlichen Ende des 19. Jahrhunderts, dann mußten einfach solche Bauten entstehen wie das Neorenaissance-Schlößchen des Fabrikanten Hasenclever in Tremsbüttel oder das aufgesteilte Gutshaus in Glinde mit Säulen, Freitreppe und mächtigem Kamin im holzgetäfelten „Salon".

Dabei sollten wir uns hüten, einen bestimmten – nämlich den klassizistischen – Herrenhaus-Typus als alleinigen Ankerpunkt für die Faszination, die von den Ensembles ausgeht, zu nehmen. Die Gestaltung der Herrenhäuser richtete sich nicht nur nach äußeren Notwendigkeiten, sondern sie war stets auch von der Kultur, der Mode, dem Zeitgeschmack abhängig. Und das hat nichts mehr zu tun mit dem Unterschied zwischen bürgerlicher Ambition und adligem Stilbewußtsein.

Offenbar wurde ständig gebaut auf den Gütern. Irgendwem gefiel irgendetwas immer nicht. Nehmen wir Wahlstorf. 1704 verschwand die Balkendecke im Rittersaal hinter barockem Stuck. Nehmen wir Emkendorf. Barock? Das Grafenpaar Fritz und Julia Reventlow muß geradezu einen Horror davor gehabt haben. Die jungen Leute ließen das ganze Haus, von der Fassade bis zum Treppengeländer, ummodeln in Richtung Klassizismus. Der Farver Burg wurde 1837 ein neogotischer Mantel angezogen. Das Helmstorfer Herrenhaus erhielt 1878 seine imperial anmutende Front oberhalb der Kossau.

Hier könnte ein erster Deutungsversuch ansetzen. Er ginge so: Herrenhäuser faszinieren uns auch deswegen, weil es lebende Körper an ganz alten Plätzen sind. Sie wurden ewig verändert, innen und außen. Sie spiegeln diese Veränderungen wider. Aber sie blieben sich doch merkwürdig gleich.

Schönes Beispiel für diesen scheinbaren Widerspruch ist Rastorf bei Kiel. 1720 zerstört ein Feuer alle Hofgebäude. Vier Jahre später wird die imposante barocke Anlage errichtet, die sich bis heute erhalten hat. Knapp ein Jahrhundert darauf muß das Herrenhaus einem klassizistischen Bau des dänischen Mode-Architekten Christian Friedrich Hansen weichen. Dennoch wirkt das Ensemble so geschlossen und überzeugend wie kaum ein anderes.

Im Zweiten Weltkrieg nun rauscht eine Fliegerbombe in Hansens Gehäuse. Kuno Graf Rantzau und seine Frau bauen es in den 60er Jahren wieder auf – allerdings um eine Achse verkürzt, weil ihnen eine erneute Pfahlgründung im moorigen Terrain an der Schwentine zu aufwendig ist. Erst bei genauem Hinsehen läßt sich das Ungleichgewicht des ausgewogenen, gelb-weißgrauen Herrenhauses erkennen.

Besonders von der Gartenseite. Aber die ist nun wirklich privat. Seit 600 Jahren leben und arbeiten die Rantzaus auf Gut Rastorf. Ich sage: „leben und arbeiten" – denn Herrenhäuser sind keine Schlösser. Über ihre Dielen darf man auch schon mal mit schmutzigen Schuhen gehen, was der Etikette im Schloß durchaus widersprochen hätte.

Herrenhäuser faszinieren auch deswegen, weil es lebende Körper an ganz alten Plätzen sind. Sie wurden ewig verändert und blieben sich doch gleich.

Im Prinzip ist die Unterscheidung zwischen „Schloß" und „Herrenhaus" ganz einfach. Ersteres ist die Residenz eines Landesherrn, letzteres der Sitz eines adligen Grundherren. Ein Schloß hat oftmals offensiv-strategischen Charakter: Die Anlagen von Schwabstedt und Gottorf kontrollierten einst den Zugang nach Dänemark. Ein Herrenhaus ist mehr defensiv eingerichtet.

Heute haben sich die Abgrenzungen verwischt. Wir sprechen, auch in diesem Buch, von „Schloß Breitenburg" oder von „Schloß Ahrensburg", weil diese Häuser einen schloßartigen Eindruck machen. „Schloß Tremsbüttel" oder gar „Schloß Guldenburg" (eigentlich das Herrenhaus Wotersen): Diese Markenbildungen müssen dann allerdings als schiere Zugeständnisse an zeittypisches Marketing gelten.

Herrenhäuser, um den Gegensatz noch einmal aufzunehmen, sind fragile Gebilde. Sie sollen, so forderte 1749 Graf Bernstorff, den „Agréments und Schönheiten" dienen, „solange solche nur nicht mit dem wahren Nutzen oder solider Bequemlichkeit streiten". Und sie dürfen gewiß auch Renommee erzeugen. Schlösser dagegen haben andere Aufgaben. Sie repräsentieren Macht- und Droharchitektur. Ihre Mauern verschwinden wieder, wenn die Zeit reif ist. Wie die der Bauten in Schwabstedt oder Reinfeld.

Und die Mauern der Herrenhäuser? Sie sterben langsam – sofern diese nicht bewohnt und unterhalten werden. Damp zum Beispiel stand zwei Jahrzehnte lang leer, Graf Reventlow kann davon Schauergeschichten erzählen. 1988 zog seine Familie wieder in das Herrenhaus ein; seitdem ist das Gebäude lebendig, auch wenn „nur" vier Personen ständig unter seinem Dach wohnen.

Ahrensburg war ein anderer Fall. 1932 verkaufte die Familie Schimmelmann ihr Haus; erst nach einer teils dramatischen Rettungsaktion konnte es 1955 als „Schloß-Museum" wiederauferstehen. Oder Ludwigsburg bei Eckernförde. Hier investierte das Land, als dafür noch die Gelder zur Verfügung standen, große Summen, um die Substanz zu bewahren. Wotersen ist ein aktuelles Beispiel. Seine Seitenflügel sind seit langem marode. Keiner der Besitzer hat sich bisher an deren Sanierung getraut. Die neuen Eigentümer, die in dem Herrenhaus auch wohnen werden, haben sich genau das vorgenommen.

Herrenhäuser lassen sich als ganzheitliche Anlagen bezeichnen. Sie vereinen Widersprüche: zum Beispiel die Spannung zwischen Weltläufigkeit und Bodenständigkeit.

Apropos „neue Eigentümer". So überzeugend die Arbeit vieler alter Familien für den Erhalt ihres traditionsreichen Anwesens sein mag, so bemerkenswert ist auch das Engagement etlicher Neubesitzer.

Die Galerie in der barocken Halle von Hasselburg mußte mit Baumstämmen gestützt werden und die eine Scheune war bereits zum Abriß freigegeben, als der Hamburger Musikwissenschaftler Andreas E. Beurmann und seine Frau zum ersten Mal auf das Areal kamen. Inzwischen gehören die ehemalige Wasserburg samt „Konzertscheune" zu den Glanzstücken der Herrenhaus-Landschaft.

Ihrer Faszination erlag auch Axel Springer, als er 1969 Schierensee bei Kiel kaufte und aus dem verwohnten Gemäuer mit viel Liebe zum Detail die Anlage wieder hervorholte, die – was das Herrenhaus selber betrifft – so stimmungsvoll wie keine zweite die alten Zeiten repräsentiert. Günther Fielmann, der das Gut vor einigen Jahren übernommen hat, geht über Springers Ambition noch hinaus. Er ist dabei, auf Schierensee wieder einen lebendigen Bauernhof einzurichten; und er will auch die wesentlichen Merkmale des einstmals berühmten Lustgartens „Heeschenberg" mit Hilfe der Denkmalpflege rekonstruieren.

Soweit ist meines Wissens bisher kein Herrenhausbesitzer, ob alt oder neu, vorgedrungen. Meist ist man froh, wenn es gelingt, das Haus einigermaßen in Stand zu halten. Viele Parks sind verwildert; formale Gärten gibt es kaum noch. Dabei waren gerade die Gärten und Parks früher unverzichtbare Bestandteile der Ensembles. Innen und Außen gehörten zusammen. Die grünen Effekte komplettierten das Gesamtarrangement genauso wie der Wirtschaftshof, ohne den das Gut nicht lebensfähig war …

Allmählich könnten wir der anhaltenden Faszination, die von den Herrenhäusern und Gütern ausgeht, auf die Spur gekommen sein. Josias von Qualen, der Besitzer von Borghorst, hatte 1760 das „Vergnügen auf einem Guth" darin gesehen, „daß einer, der die Welt kennet, eine gute Gelegenheit hat, sich aus dem größten Theil des Getümmels herauszuziehen ...". Nicht anders, so meine ich, funktioniert dieses Vergnügen immer noch.

Herrenhäuser und die sie umgebende Kulturlandschaft, selbst wenn davon nur Restbestände vorhanden sind, lassen sich als ganzheitliche Anlagen bezeichnen. Sie vereinen Widersprüche, an die wir uns gewöhnt haben, deren Auseinanderklaffen manchmal aber auch schmerzhaft bewußt wird. Zum Beispiel die Spannung zwischen Weltläufigkeit und Bodenständigkeit. Caspar von Saldern, der Schierensee-Erbauer, war ein gewiefter Diplomat; aber er kannte sich eben auch mit der Dachbedeckung seines Hauses perfekt aus.

Oder den Kontext von Arbeit und Entspannung, von Wirtschaft und Ästhetik. Theater und Musik waren auf den Herrenhäusern, diesen groß gedachten Bauernhöfen, eine geläufige Übung. Die Ausstattung der Säle und Hallen, soweit sie wie in Damp oder Hasselburg überdauert hat, gibt davon Zeugnis.

Kein Wunder, daß manche Veranstaltungen des Schleswig-Holstein-Musik-Festivals, wenn sie denn auf den Gütern stattfinden, den Zauber fortschreiben.

Herrenhäuser erzählen Geschichte und Geschichten; dieses Buch ist voll davon. Sie geben gewiß ungewöhnlich reizvolle Beispiele für Architektur und Einrichtung; die Design-Industrie mit ihrem „Country-Look" weiß das zu schätzen. Vor allem aber sind die Herrenhäuser in Schleswig-Holstein der faszinierende Ausdruck einer Lebensform, deren zivilisierender Wirkung sich niemand entziehen kann. Egal, ob auf Schierensee oder in Krieseby.

Gut Damp in der Nähe der Ostsee. Aus der Vogelperspektive ist die Konstruktion der Anlage gut erkennbar: Herrenhaus und Wirtschaftshof sind jeweils von Wassergräben umgeben und durch Brücken miteinander verbunden. Im Vordergrund (verdeckt): das Torhaus.

Von den grossen Familien

Sie gaben Jahrhunderten ihre Namen

Damp 2000 kennt wohl jeder, der in Schleswig-Holstein Urlaub macht. Einst als Betonklotz am Ostseestrand geschmäht, ist die Retortensiedlung heute eingewachsen und akzeptiert. Doch nur die wenigsten Urlauber wissen, wer dieses Projekt einmal angeschoben und auch seinen Namen dafür hergegeben hat: Das war Ludwig Graf zu Reventlow, der Vater des heutigen Besitzers von Gut Damp, das nur wenige Kilometer vom Erholungszentrum entfernt versteckt hinter Bäumen liegt.

Erst die Aufnahme vom Hubschrauber aus erschließt die ebenmäßige Konstruktion der Anlage, die sich immer noch so darbietet wie seit Jahrhunderten. Eine Achse führt vom Torhaus durch das Portal des Herrenhauses bis in den dahinter liegenden Park. Als einzigartig gilt die verschwenderisch mit Stuck geschmückte barocke Halle – der friedvollen Musikausübung gewidmet. Dieses Damp ist ein Juwel am Wegesrand.

Stets haben hier altadlige Geschlechter gesessen. Die Sehestedt, die von der Wisch, kurze Zeit die Rantzaus und dann die Ahlefeldts, nach deren überwältigendem Einfluß das 17. Jahrhundert auch „das Ahlefeldtsche“ genannt wird, während das 16. Jahrhundert von den Rantzaus dominiert wurde. Die Reventlows sind nach Damp erst vor gut hundert Jahren gekommen, aber im Lande sind sie seit Urzeiten präsent.

Eigentlich aus Dithmarschen stammend, gehören sie – mit den bereits erwähnten, aber auch den Brockdorffs, den Rumohrs und noch anderen – zu den sogenannten „Originarii", zu deutsch: den Ursprünglichen; also: zu den großen, alten Familien.

Das klingt nach einer vermauerten Gesellschaft, einer hagestolzen Kaste von Herrenhaus- und Landbesitzern, die ihre Reihen immer fest geschlossen gehalten haben. Die historische Wahrheit sieht anders aus. Bei den Rantzaus zum Beispiel, dem einzigen Adelsgeschlecht, das im 17. Jahrhundert in den begehrten Stand der Reichsgrafen erhoben wurde. Vieles spricht dafür, daß deren Vorfahren einmal aus dem Saale-Gebiet nach Holstein gekommen sind.

Noch kurioser ist die Stammesgeschichte der Familie von Buchwaldt, die seit etlichen hundert Jahren unter anderem das Gut Helmstorf bei Lütjenburg bewirtschaftet. Ihre Herkunft wird aus slawischem Adel abgeleitet. Das heißt: Sie gehörte zu den Dynastien, die von den sächsischen Eroberern bei ihrem Einmarsch in Ostholstein besiegt worden waren. Offenbar wurden die Buchwaldts mit ihrem schönen Wappen, der Krone auf dem Haupt des Bären, problemlos in den gerade entstehenden germanischen Lehnsadel integriert. Sieger und Besiegte: Vertreter beider Seiten zählen zu den „Originarii", den „Ursprünglichen". Das hat man nicht so oft.

Nun wäre es nicht überraschend, wenn solch ein traditionsreicher Name mit einem überbordenden Selbstbewußtsein verknüpft wäre. Doch damit wollen die alten Familien nicht dienen. Sicher, da ist schon eine sehr ausgeprägte Behauptungserfahrung zu spüren; aber „es gibt überhaupt keinen Grund", so formuliert die Helmstorfer Frau von Buchwaldt, „irgendeinen Stolz zu entwickeln. Ganz im Gegenteil. Eigentlich muß es eher bescheiden machen: Wie schafft man das, den Na-

Zu Gast auf Damp: Die Rückseite des Herrenhauses stellt sich mit ihrer Ziegelfassade und den mächtigen Felsquadern ganz bodenständig dar.

men und den Besitz in die nächste Generation zu transportieren?"

Die Buchwaldts als uradlige Großgrundbesitzer gehörten seit je her zu der schleswig-holsteinischen Ritterschaft, die den Gipfel ihres Einflusses erreichte, als sie 1460 den dänischen König zum neuen Chef der beiden Herzogtümer Schleswig und Holstein wählte. Im Gegenzug sicherte Christian I. im Vertrag von Ripen (Ribe) dem Adel erhebliche Rechte zu und auch, daß die beiden Landesteile „bliven ewich tosamende ungedeelt".

Dieses Versprechen ließ sich nicht sehr lange durchhalten. Und auch die Ritterschaft, deren Privilegien sich an den Besitz eines adligen Gutes knüpften, geriet unter Aufweichungsdruck. Zu den „Originarii" kamen schon bald die „Recepti" – die in die Ritterschaft per Beschluß aufgenommen wurden. Erneut ist festzustellen, daß die ritterlichen Herrenhausbesitzer keine Ausschließlichkeitskriterien verfolgten, wenn sie im öffentlichen Leben bewährte Männer in ihren Stand einreihten. Zu nennen sind Namen wie Kielmannseck (eine ursprünglich bürgerliche Familie aus Itzehoe), Baudissin (das Geschlecht stammt aus der Lausitz) oder auch die Grafen von Platen Hallermund, die im frühen Mittelalter auf Rügen Besitz hatten und dann im Hannöverschen.

1756 wird der erste Platen Hallermund in die schleswig-holsteinische Ritterschaft aufgenommen. Heute gehört den Nachkommen noch das Gut Weissenhaus, wenige hundert Meter vom Ostseestrand entfernt. Auch wenn die Grafen nicht zu den alten Familien im Lande zählen; zu den großen sind sie gewiß zu rechnen. Es gab militärische Talente voller Wagemut, dann den Dichter August von Platen Hallermund mit manchen gültigen Versen und nicht zuletzt Clemens Graf Platen Hallermund, den Vater des jetzigen Besitzers.

Der hat sich einen Namen gemacht, indem er nach Kriegsende für die Integration der Heimatvertriebenen wirkte und umfangreiche landwirtschaftliche Flächen an Neusiedler abgab. Aber auch um die jungen Leute kümmerte er sich. Mehr als 20 Jahre lang war im Herrenhaus eine „Kurzschule" eingerichtet, durch die in vierwöchigen Kursen Schulklassen und Lehrlinge geschleust wurden. Praktische Ausbildung stand im Vordergrund des Programms, das sich an den Erziehungsgrundsätzen Kurt Hahns orientierte.

„Groß" sind Familien also nicht nur, weil sie seit Jahr und Tag im Holsteinischen ansässig sind.

Ludwig Graf zu Reventlow, der Vater des heutigen Besitzers und Begründer der Tourismusanlage Damp 2000, mit seinen Kindern.

„Groß" muß zugleich eine inhaltliche Kategorie sein. An die Ritterschaft, die sich als Traditionsverein der Öffentlichkeit bisher wenig aufschließt, ist sie schon längst nicht mehr automatisch gebunden. Aber immer noch kann man „große" Familien an Einzelbeispielen festmachen, an Persönlichkeiten.

Bei den Reventlows herrschte nie Mangel an eigenwilligem Personal. Einer ließ sein Herrenhaus in pompejanischem Stil ausmalen. Ein anderer war maßgeblich an der Abschaffung der Leibeigenschaft beteiligt. Ein dritter machte die Befreiungsbewegung gegen Dänemark zu seiner Sache. Wiederum ein anderer, der dachte auf seine Weise auch voraus. Er sah den Tourismus anrollen, lenkte ihn auf eine Bettenburg und bewahrte so sein angestammtes Herrenhaus vor allzu neugierigen Blicken.

Schloß Breitenburg mit seinen ältesten Bestandteilen, der Kapelle (links außen) und dem Brunnen aus der Zeit Heinrich Rantzaus.

Schloß Breitenburg bei Itzehoe ist seit alters her der Stammsitz des Hauses Rantzau. Die einstige „first family" des Landes gebietet immer noch über mancherlei Einfluß, auch wenn die Zeiten, in denen an die 50 Besitzungen rings um den breit ausgefächerten Stammbaum aufgeführt wurden, längst vorbei sind.

Die Kapelle gehört – ohne ihren Turm – zu den ältesten Bestandteilen des umfangreichen Ensembles oberhalb der Stör, das lange für uneinnehmbar gehalten wurde, weil das Land ringsum unterhalb des Meeresspiegels liegt und leicht zur Verteidigung unter Wasser zu setzen war. Der Feldherr Johann Rantzau hatte das Areal Anfang des 16. Jahrhunderts von Bordesholmer Mönchen erstanden.

Sein Sohn Heinrich (1526–1599) erbaute darauf eine prächtige Burg mit nicht weniger als fünf parallel angeordneten Häusern. Das heutige winkelförmige Gebäude, das auf den ersten Blick in sich ganz geschlossen wirkt, ist das Produkt mehrfacher Überformungen aus späteren Zeiten. Aber der Kunstbrunnen im Schloßhof mit seinen figürlichen Motiven aus der „wilden Jagd", der stammt noch aus den Jahren Heinrich Rantzaus, des gewiß berühmtesten Vertreters dieses zum Uradel zählenden Geschlechts.

Als typischer Mensch der Renaissance war Heinrich Rantzau für unsere Verhältnisse unvorstellbar breit gebildet. Er schrieb seine Briefe, Gedichte und Bücher in lateinischer Sprache. Er verfaßte eine Biographie seines Vaters, eine detaillierte Landeskunde der „kimbrischen Halbinsel" sowie Bücher über Edelsteine, Heilpflan-

Wie bei „Dornröschen“: Rosenranken, Spitzbögen und am Brunnen goldene Motive aus der „wilden Jagd“.

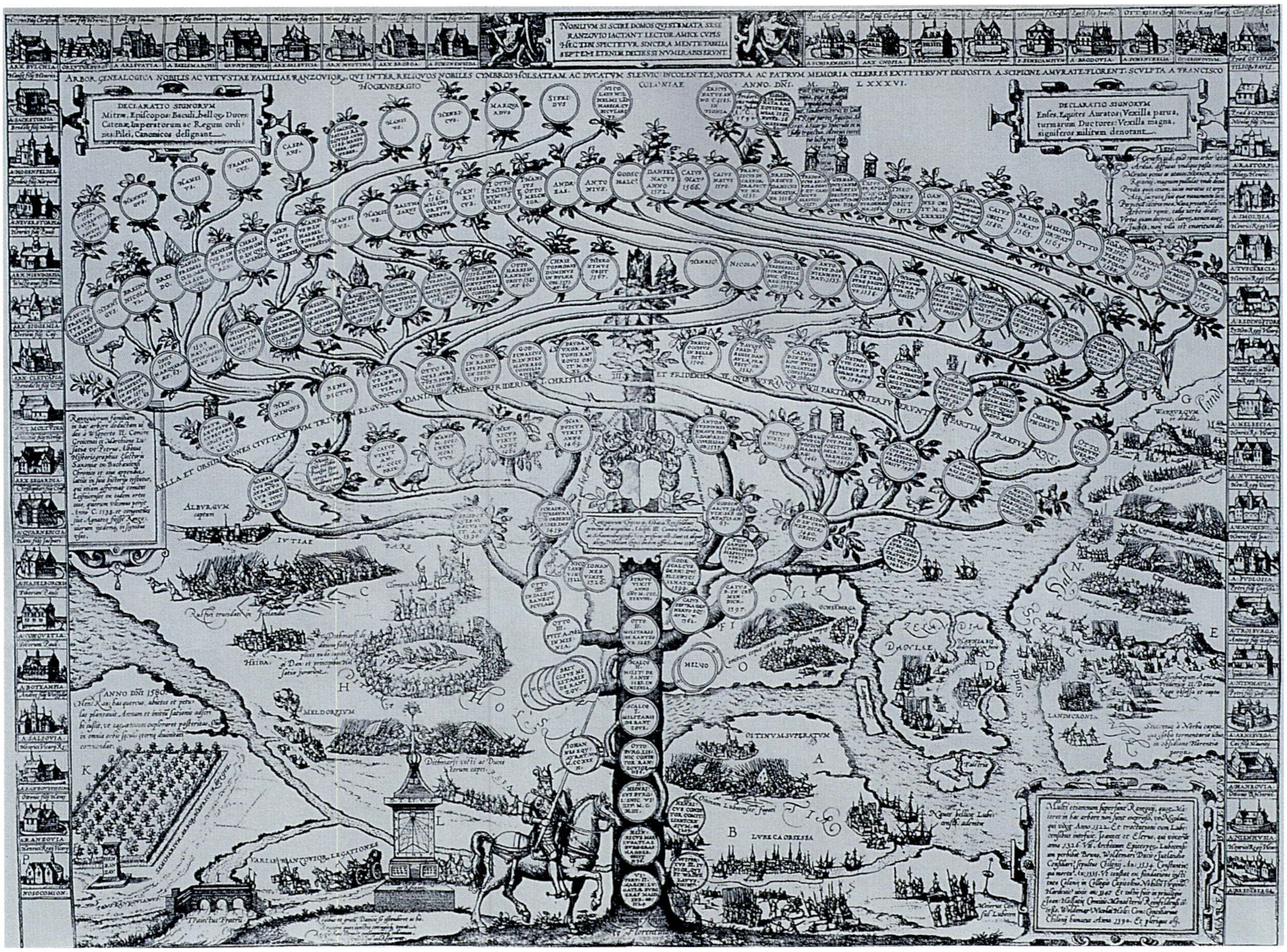

Heinrich Rantzau, hier ein Altersbildnis, war 40 Jahre lang königlicher Statthalter in den Herzogtümern; er mehrte geschickt den Besitz der Familie. Auf der Stammbaum-Tafel ist die Rede von 70 „Wohnungen“; auf ihrer Randleiste gezeigt werden 50 Häuser.

zen und Traumdeutung. Engagierter Protestant, der er war, notierte er noch kurz vor seinem Tode einen Plan, der einen Kompromiß zwischen den verfeindeten Lagern herbeiführen sollte und Europa – für den Humanisten Heinrich Rantzau eine geläufige Kategorie – den Frieden gebracht hätte. Doch in der ersten Nacht des neuen Jahrhunderts starb er auf Breitenburg; einige Zeit darauf wurde der Besitz von Wallensteins Truppen erobert und, neben anderen Schätzen, seine Bibliothek geraubt.

Auch nach ihm hat es noch große Vertreter seiner Familie gegeben. Etwa Konrad Rantzau, den letzten deutschen Minister im dänischen Gesamtstaat. Er war ein Mäzen der Künste und förderte insbesondere den lange Zeit in Rom lebenden, nachmals berühmten dänischen Bildhauer Bertel Thorwaldsen.

Otto Graf zu Rantzau und das Wappenschild der Familie mit den rot-silbernen Farben über dem Eingang zu Schloß Breitenburg, dessen Hausherr sein Sohn Breido ist.

Doch eigentlich muß man gar nichts Spektakuläres vollbracht haben, um sich in das Ehrenbuch der Familie einzuschreiben. Otto Graf Rantzau zum Beispiel, der Senior, hat nach dem Krieg das Haus wieder mitaufgebaut. Zu seinem 75. Geburtstag schenkte er seinen beiden Enkeln jede Woche eine Geschichtsstunde, die anderthalb Jahre lang abgehalten wurde.

Gewiß kam dabei auch diese „wahre Geschichte“ zur Sprache, die das Wohlergehen der Familie bis heute begründen soll: „Die Frau von Johann Rantzau wurde eines Nachts von einem Männlein geweckt, das sie bat mitzukommen und seine Frau gesundzupflegen. Aus Dank vermachten ihr die Zwerge drei Teile Gold, aus denen eine Spindel, 50 Pfennige und ein Hering gearbeitet wurden. Solange die Wahrzeichen des Fleißes, der Sparsamkeit und des Mutes zusammenbleiben, geht es, so hatten die Zwerge versprochen, dem Hause Rantzau gut.“ Und, ist das der Fall? Der alte Graf: „Das kann man wohl sagen.“

Mächtige Backsteinfassaden akzentuieren mit ihrem barocken Schwung die Hofgebäude von Gut Rastorf. Für maschinell betriebene Landwirtschaft sind sie nicht mehr nutzbar.

Gut Rastorf, seit 600 Jahren im Besitz der Familie Rantzau, besticht als erstes durch seine einzigartige Hofanlage. Die geschwungenen Giebel der großen Scheunen wie der Kavaliershäuser machen deutlich, daß hier ein barockes Repräsentationsbedürfnis seinen ungewöhnlichen Ausdruck fand. Die Hofgebäude wurden in der Tat Anfang des 18. Jahrhunderts von dem Eutiner Hofbaumeister Rudolph Matthias Dallin errichtet.

Eine Art Gesamtkunstwerk wird daraus aber erst durch ein ganz gezieltes Arrangement: Alle Giebel sind radial auf das Portal des Herrenhauses ausgerichtet. Oder umgekehrt gesagt: Vom Eingang aus lassen sich die reich mit weißen Blenden geschmückten Fassaden aller Gebäude, die zudem stufig in einen Hang hineingebaut sind, übersehen. Das hat der Architekt durch den „Trick“ erreicht, daß die Kavaliershäuser einige Meter nach außen versetzt wurden und so den Blick auf die Scheunen – die heute zur Aufzucht von Puten genutzt werden – freigeben.

Das Herrenhaus selber verbindet sich mit dieser massigen Backsteinarchitektur auf ungewöhnliche Weise. Denn es ist ein leichter, fast „italienisch“ wirkender klassizistischer Bau des Archi-

tekten C. F. Hansen mit einem vergleichsweise zierlichen Säulenportal – sozusagen der „Punkt auf dem I“. Der Vorgängerbau war so sperrig gewesen, daß dessen Turm gesprengt werden mußte. Vielleicht ist es die – auch eher unübliche – Mittelallee, die zwar vom Torhaus auf das Herrenhaus zuführt, aber nur auf Höhe der Scheunen, also zu beiden aufeinander bezogenen Bauten deutlichen Abstand wahrt, die die ganze Anlage trotz der Unterschiede so geschlossen wirken läßt.

Und dann hat Rastorf noch ein zweites Highlight zu bieten (und das ist sogar öffentlich zugänglich). Wer das Gutsgelände durch das Torhaus betritt und sich sogleich strikt nach rechts wendet, der trifft nach einigen Metern oberhalb der Schwentine auf ein Denkmal, das dem Uferweg einen ganz eigenen Reiz verleiht. Johann Bertram Mielck, ein Prediger aus Preetz, schreibt 1779, romantisch angehaucht: „Schon bei Eintritt in die Allee ... sieht man in dunkler Ferne die obere Rundung eines Monuments, und stößt am Ende derselben auf einen länglicht runden Platz ... .“

Darauf befindet sich ein schlichter Block aus grauem Marmor, von einem Eisengitter umgeben. Anna Sabine Gräfin Rantzau ließ diesen Gedenkstein ihrem Mann, dem Reichsgrafen Christian Emil, nach dessen Tod im Jahr 1777 errichten. Von dem bereits erwähnten Mielck sollen auch die Verse stammen, die in den Marmor eingraviert wurden und die dramatisch, gleichsam vor lauter Rührung, in der letzten Zeile abbrechen.

Noch heute teilt sich dem Besucher die für jene Zeit erstaunlich ungekünstelte Emotion und die poetische Atmosphäre des Ortes mit, an dem Anna Sabine, geborene Buchwaldt, ihres Gatten gedachte. Die Grotte im Hintergrund des Monuments, aus der – Tränen gleich – ein permanentes Rinnsal floß, ist heute nicht mehr „in Betrieb“; aber die ganze klassizistisch-schlichte Anlage ist wohlerhalten und der Marmor erst kürzlich, wie der Rastorfer Hausherr betont, von Gutsleuten, denen dieses ein Anliegen war, gesäubert worden.

Nur, wie lautet die Geschichte zum Denkmal? Kuno Graf Rantzau erzählt sie uns: „Christian Emil, der im dänischen Staatsdienst hohe Ämter bekleidet hatte, heiratete erst sehr spät, mit über

Eine Allee betont auf Höhe der Scheunen die „klassische“ Achse zwischen dem Torhaus und dem Herrenhaus, das im Hintergrund sichtbar wird.

50 Jahren. Seine Ehe mit Anna, die 34 Jahre jünger war als er und eine sehr schöne Frau gewesen sein muß, dauerte leider nur sechs Jahre, dann starb er. Anna Sabine war untröstlich. Um ihrer Liebe und Trauer Ausdruck zu geben, ließ sie das Monument errichten. Und dann gab sie den Auftrag, noch einmal – wie schon zu Lebzeiten ihres Mannes – ein Porträt der Familie zu malen. Auch dieses Bild, es hängt im Herrenhaus, ist ungewöhnlich, denn es spiegelt jenseits aller Konventionen die innige Beziehung der beiden, zusammen mit ihren Kindern: Anna legt ihren Arm um den Gemahl und sie sitzt auf seinem Schoß."

Daß das Bild – wie viele andere historische Einrichtungsgegenstände – unbeschädigt erhalten blieb, ist ein glücklicher Umstand. Denn der Hansen-Bau, wohl der einzige noch im ostholsteinischen Raum, wurde im Zweiten Weltkrieg schwer beschädigt. Die östliche Schmalseite war aufgerissen; sie wurde zunächst notdürftig zugemauert, damit man das Haus überhaupt wieder bewohnen konnte. Dann, nachdem Kuno Graf Rantzau mit seiner Frau den Besitz 1966 übernommen hatte, gingen die Handwerker ein Jahr lang aus und ein.

In so respektabler wie mühsamer Kleinarbeit erstanden Haus und Hof wieder in alter Schönheit. Das Schicksal des Vorgänger-Baus, niedergelegt und gesprengt zu werden, blieb diesem Herrenhaus erspart.

An der Schwentine liegen mancherlei Herrenhäuser: Wahlstorf zum Beispiel oder eben Rastorf, das Anfang des 19. Jahrhunderts noch über eine Brücke erreichbar war. Auch der Gedenkstein wurde in der Nähe des Flusses errichtet.

Aus dem privaten Fotoalbum von Kuno Graf Rantzau (von oben): Wie die Bombe das Herrenhaus aufriß; wie seine Seite notdürftig geflickt wurde; und wie das Haus sich aus den Baugerüsten wieder in alter Schönheit herausschälte. Allerdings fehlt, von der Parkseite (großes Foto) gut zu erkennen, eine Achse; eine Neugründung des auf Pfählen in moorigem Terrain stehenden Baus war zu aufwendig.

Vor dem Torhaus von Gut Kletkamp: Porträtstudie von Graf und Gräfin Brockdorff mit ihrem jüngsten Sohn und Hund „Lada“, einem Labrador-Dackel-Mischling. Der Graf ist ausgebildeter Landwirt; besonders die Fischwirtschaft ist ein Kennzeichen des vielseitigen Betriebs: „Wir brauchen uns wirklich nicht zu langweilen!“

Aus der feuchten Senke wächst eine mächtige Fassade empor: die Vorderfront von Kletkamp. Auf der Parkseite ist das Herrenhaus aus schlichten roten Backsteinen aufgeführt.

Im hügeligen Osten Holsteins sind auf Gut Kletkamp seit fast 400 Jahren die Grafen von Brockdorff zuhause. Daß sie ursprünglich aus den Elbmarschen stammen, darauf verweist schon ihr Erkennungszeichen, ein silberner fliegender Fisch auf blauem Grund. Die Brockdorffs gehören zu den alten wie zu den anspruchsvollen Familien im Lande. Die barocke in Marmor gehaltene Grabkapelle an der Kirche des benachbarten Ortes Kirchnüchel, für Cai Lorenz Brockdorff geschaffen, legt davon ebenso Zeugnis ab wie die Fassade des Herrenhauses, deren aufwendige Gliederung zwar klassizistisch wirkt, aber ebenfalls ein barockes Selbstbewußtsein signalisiert.

Die junge Grafenfamilie, die auf Kletkamp heute das Sagen hat, traut sich zu, dieses große Gebäude sich wieder ganz anzueignen. Nach einem Brand 1952 war es nicht mehr bewohnbar gewesen. Der Turm mit seiner aufgesetzten Laterne wurde abgetragen; im Haus richtete man Ferienappartements ein. Die Brockdorffs zogen in das Verwaltergebäude. Jetzt ziehen sie wieder zurück – ein seltener Vorgang auf den Gütern. Aber die vier Kinder werden das Haus, dessen oberste Etage fest vermietet wird, schon füllen. Und der Turm kommt auch wieder aufs Dach.

Nach einem Brand fehlten jahrzehntelang Turm und Laterne auf dem Dach. Jetzt wurden sie wieder montiert.

Von der Burg zum Palast

Aspekte der Entwicklungsgeschichte

Wahlstorf auf halber Strecke zwischen Plön und Preetz gehört zu den bemerkenswertesten Herrenhäusern. Dieser Status hängt schon mit seinem Alter zusammen. Der Ort am Lanker See wird 1224 zum ersten Mal erwähnt, das Haus stammt aus dem 16. Jahrhundert.

Auf den ersten Blick mutet es wie eine Burg an, kompakt und hochgebaut. In der Tat ist die Anlage insgesamt erstaunlich unverändert durch die Jahrhunderte gekommen. Aber eine „Burg" ist Wahlstorf nun schon lange nicht mehr. Denn natürlich wurde auch dieses Herrenhaus immer wieder umgestaltet.

Eine Brücke überquert den Hofgraben, der das Areal von Gut Wahlstorf umgibt und von der Schwentine gespeist wird. Das Herrenhaus aus dem 16. Jahrhundert wirkt von weitem fast noch wie eine Burg.

1613 war da ein ganz wichtiges Jahr. Da ließ der junge Besitzer Henning von Thienen, gerade mal 23 Jahre alt, den linken Vorbau errichten. Der Eingang im Mittelturm, der seitlich gelegen hatte und nur durch eine Stiege zu erreichen gewesen war, wurde zugemauert. Komfort und eine zeitgemäße Ästhetik waren auch die Kriterien für den Umbau von 1704, dem die Wendeltreppe im Turm – rechts gedreht, damit ein Angreifer die Waffe mit links halten mußte – zum Opfer fiel. Erst 1924 kam der rechte Vorbau dazu. Die schöne Backstein-Symmetrie, die Wahlstorf auszeichnet, sie ist tatsächlich erst jüngeren Datums.

Gleichwohl bleibt das Haus, so idyllisch am Wasser plaziert, ein Musterbeispiel für die frühe Phase der Herrenhäuser. Auch der Renaissancebau von Hoyerswort auf der Halbinsel Eiderstedt gehört in diese Zeit.

Aber eigentlich reicht die Geschichte der Herrenhäuser Schleswig-Holsteins noch viel weiter zurück. Nämlich bis in das Mittelalter. In der ersten Hälfte des 12. Jahrhunderts erobern die Schauenburger Grafen mit ihren Gefolgsleuten das Gebiet der Slawen im östlichen Holstein. Als deren Burg im Plöner See eingenommen wird, ist der Widerstand gebrochen. Schon bald darauf setzt die Kolonisation der neu gewonnenen Gebiete jenseits des bisherigen „Limes Saxoniae" – der sächsischen Grenzregion – ein. Die Ritter, die dem Schauenburger zur Seite gestanden hatten, wollen belohnt sein. Und sie werden es auch. Nämlich mit dem eroberten Land, auf dem sie sich jetzt festsetzen. So entsteht der Adel, dessen älteste Familien sich stolz „Originarii" – die Ursprünglichen – nennen (vgl. S. 30).

Ihre Wohnsitze werden in der Wissenschaft als „Motten" bezeichnet. Das Wort leitet sich her von dem lateinischen „mons" für „Berg"; nur Berge, die gibt es im Holsteinischen nun wirklich nur als Ausnahme (etwa der Kalkberg in Segeberg). Also versucht man, diese Motten anderweitig zu schützen; zum Beispiel, indem man die Vorteile des feuchten, häufig sumpfigen Geländes ausnutzt. Hunderte von Motten entstehen – Wohntürme, von Palisaden umgeben. Manche sogar im Wasser. Auch die erste Wahlstorfer Anlage soll im Lanker See gelegen haben. Später, als die Verteidigung des Hauses überflüssig geworden war, wurde der Burggraben häufig wieder zugeschüttet.

Noch ein Kennzeichen der frühen Herrenhäuser – Nachfolger der „Motten" aus der Kolonisationszeit – soll genannt werden. Es springt dem Betrachter geradezu ins Auge, in Nütschau (bei Bad Oldesloe), Ahrensburg oder eben auch in Wahlstorf. Das sind die sogenannten „Parallel-

Die Jahreszahl „1613“ an der Vorderfront von Wahlstorf bezieht sich nur auf den linken Vorbau. Der rechte wurde erst in diesem Jahrhundert dagegengesetzt, um die Symmetrie herzustellen. Bei genauem Hinsehen sind die Unterschiede am Mauerwerk zu erkennen.

häuser“: zwei Häuser, zwei Dächer, mit der Längsseite aneinandergefügt. Manchmal sind es drei „Scheibletten“; auf Breitenburg, dem Herrschaftssitz der Familie Rantzau, waren es zeitweise sogar fünf. Eine durchschlagende Begründung für diese Bautechnik gibt es nicht. Am einleuchtendsten erscheint noch der Hinweis auf die Statik. Schließlich mußten die Dächer häufig einem erheblichen Winddruck standhalten; die „gefaltete“ Version bot da Vorteile.

Mit dem 16. Jahrhundert, dem Ende des Mittelalters, vollziehen sich auf den adligen Rittersitzen erhebliche Veränderungen. In einem Satz: Die Schwertführer werden zu Gutsherren. 1524 hatten sie vom dänischen König weitere Privilegien erhalten. Vor allem aber schoß die überregionale Nachfrage für landwirtschaftliche Produkte nach oben. Dementsprechend zogen die Preise an, manchmal um mehrere hundert Prozent. Die Rodungen der Eroberungszeit verwandelten sich innerhalb weniger Jahre zu heiß begehrten Wertobjekten. Und in der zweiten Hälfte des 16. Jahrhunderts sorgt die gesetzlich anerkannte Leibeigenschaft dafür, daß auch genügend Personal zur Verfügung steht, um die immer größer werdenden Güter zu bewirtschaften.

Statt der üblichen Sandstein-Löwen „bewachen“ Figuren aus dem malaiischen Kulturkreis die Eingänge an der Vorder- und Rückseite des Herrenhauses.

Victor Baron von Plessen, der Vater der jetzigen Besitzerin, brach als Forschungsreisender und Filmemacher immer wieder in ferne Länder auf.

So finden sich die Gutsbesitzer im 17. und mehr noch im 18. Jahrhundert auf dem Höhepunkt ihrer Machtentfaltung. Aus den Wohntürmen der ritterlichen Lehnsleute – kein einziger hat sich im Land erhalten – sind längst stattliche Herrenhäuser geworden; aber die sollen jetzt auch anders aussehen als aus Unvermögen aneinandergeklebt.

Dreiflügelige Anlagen erstehen: das eigentliche Gutshaus in der Mitte, eingerahmt von zwei Zeilen aus Nutz- und Kavaliershäusern. Auf dieses strikt im Mittelpunkt positionierte Herrenhaus, da sind Barock und Absolutismus ganz eigen, wird die gesamte Hofanlage ausgerichtet. Sie wird abgeschlossen durch ein häufig sehr aufwendig gestaltetes Torhaus. In Hasselburg ist dessen Architektur, 1763 realisiert, sogar komplexer als die des herrschaftlichen Hauses selber.

Links und rechts der Mittelachse, die Torhaus und Herrenhaus verbindet, liegen die Scheunen; das Gut ist ja zu allererst ein großer Wirtschaftsbetrieb mit manchmal Hunderten von Hilfskräften und Mitarbeitern. Kein Wunder, daß auch die Scheunen höchst umfangreich, manchmal geradezu monströs, ausfallen. Ein Gebäude wird in der Regel als Kornspeicher benutzt, das andere als Kuhstall. Wahlstorf ist ein guter Beleg für diese ausgewogene, klassische Gliederung.

Dennoch bleibt das Herrenhaus, bei genauem Zusehen, ein bemerkenswerter Einzelfall. Am Treppenaufgang wachen nämlich nicht die üblichen Sandsteinlöwen – sondern Fabelwesen aus dem malaiischen Kulturraum.

Auch das Haus selber ist angefüllt von Kunst- und Kultgegenständen aus dieser Region. Victor Baron von Plessen, der Vater der jetzigen Besitzerin, ein hoch respektierter Forschungsreisender, hat sie in seine feste Burg integriert. Und siehe da, sie passen gar nicht schlecht – eine faszinierende Variante der Entwicklungsgeschichte holsteinischer Herrenhäuser.

Das Herrenhaus Hoyerswort auf der Halbinsel Eiderstedt ist ein Unikum an der Westküste und stammt wie Wahlstorf aus dem 16. Jahrhundert.

Im alten Befestigungsgraben spiegeln sich Herrenhaus und Haubarg, der 1704 an seinen heutigen Platz kam.

Im Herbst, wenn die wenigen Bäume leergefegt sind und sich die Nebel über dem vielen Wasser kringeln, dann ragt das Herrenhaus Hoyerswort wie eine weiße Geistererscheinung aus der flachen, nüchternen Landschaft namens Eiderstedt auf.

Und wirklich, dieser Platz hat es in sich. In seiner Nähe liegt der „Königskamp", auf dem die Nordfriesen im Jahr 1253 ihren legendären Sieg gegen den dänischen König erfochten. Von hier aus wurde in der zweiten Hälfte des 16. Jahrhunderts die Region regiert. Und dann gibt es da noch die alte Sage vom Teufel und dem jungen Mädchen, die den Dichter Friedrich Hebbel zu seiner Ballade „Der Tanz" anregte.

Die Verse berichten davon, daß ein „Mägdlein" entgegen den Mahnungen der Mutter nicht zu tanzen aufhören mag, selbst wenn der Teufel ihr Partner wäre. Der stellt sich prompt in Gestalt eines schwarz gekleideten jungen Mannes ein, die beiden „schwingen sich wild im Saale" herum, bis die Unermüdliche in einem Blutsturz tot zusammenbricht.

Wenn die Frau des Altbauern den Touristen, die sich häufig auf Hoyerswort einstellen, davon erzählt, dann postiert sie sich vor einem Teppich, der in dem Festsaal im ersten Stock die Wand bedeckt. Im dramaturgisch entscheidenden Moment hebt sie dessen eine Ecke an und ein roter, triefender Blutfleck wird sichtbar: „Also, es ist wirklich passiert!"

Ob mit oder ohne Gespenstergeschichte – die Bauernfamilie Hamkens sitzt nun schon in der achten Generation auf Hoyerswort; genauer gesagt: seit 1771. Zuvor war der Besitz in vielen Händen gewesen und dadurch nicht besser und größer geworden. Begründet, berühmt gemacht und mit seinem Namen versehen aber hatte ihn einst Caspar Hoyer (1540–1594), der Eiderstedter Statthalter („Staller") des Herzogs Adolf von Schleswig-Holstein. Als enger Vertrauter seines Herrn war er mit dem Anwesen belohnt worden. Da ein Amt auch ein festes Haus braucht, begann er wahrscheinlich kurz vor 1580 mit dem Bau des Herrenhauses, übrigens des einzigen an der Westküste.

Das typische Konstrukt der Renaissance, erkennbar an Fenstern, Giebeln und Turmhaube, weist noch manche Merkmale des einstigen wehrhaften Machtanspruches auf. So umgibt ein doppelter Graben das Gutsareal, über den bis vor einiger Zeit eine von Palisaden eingerahmte Zugbrücke führte. Die Landmaschinen, die auf den Hof gelangen müssen, machten der Einrichtung den Garaus. In diesem Zusammenhang werden auch die beiden garstigen Löwen, die in ihren Pranken Schilder mit der ultimativen Aufforderung „Ora" und „Ara" („bete" und „pflüge") hielten, ihren Platz am Aufweg zur Warft verloren haben. Sie befinden sich heute in der Eingangshalle.

Der schlanke, vorgesetzte Turm barg in alten Zeiten den einzigen Eingang zum Herrenhaus. Hoch gelegen, ließ er sich gut verteidigen. An seiner Seite hängt das Halseisen, in das ein armer Sünder nach einem Entscheid des Guts- und Gerichtsherrn eingeschlossen wurde, worauf alle braven Untertanen sich an dem Missetäter am Pranger gütlich tun durften.

So häufig freilich wird das nicht geschehen sein, denn Caspar Hoyer verstand es, sich die Wohlmeinung seiner Eiderstedter durch – wir würden heute sagen – Strukturmaßnahmen zu sichern. Er beseitigte die endlosen Deichstreitigkeiten und erließ eine „Deichordnung", die bis ins 19. Jahrhundert als Grundlage anerkannt wurde. Das von ihm entworfene Landrecht galt ebenfalls bis dahin. Er redete „seinem" Herzog gut zu, den Bau von Hospitälern in den Eiderstedter Hauptorten Tönning und Garding zu finanzieren. Und er erreichte 1585, daß Landbesitz in dieser Region nicht an Adlige verpfändet oder verkauft werden durfte, wodurch – wie der Koldenbütteler Pastor E. Bruhn in seiner Historie von Hoyerswort schreibt – „die Steuerkraft des Landes ungeschmälert stark blieb". Das Ergebnis aller dieser Maßnahmen am Ende seiner Amtszeit 1594 war, daß sich, so rühmt die Heimatgeschichte noch heute, „damals mehr Silber und Gold im Lande befand als Eisen und Messing".

Unter Hoyers Sohn und vor allem dessen Frau Anna Owena ging dieser – auch in der Familie angesammelte – Reichtum schnell wieder verloren. Die Witwe öffnete ihr Haus der Sekte der David-Joriten; in der großen Diele des Südflügels soll es zu merkwürdigen Gottesdiensten gekommen sein. Die Flutkatastrophe von 1634, die die ganze Küste verheerte, hielt Anna Owena denn auch für eine angemessene Bestrafung ihrer Landsleute.

Das Endgericht, so meinte sie, stehe bevor. Und sie reimte: „Ein Feur ist angezündet, von Gott im teutschen Land, wer ist der nicht empfindet, das alles steht im brand?" Wirklich, dieser Platz Hoyerswort, der hat es in sich.

Zeugnisse von Wehrhaftigkeit und Stolz: die Zugbrücke und das Tableau, das vom gesellschaftlichen Rang des „Pfennigmeisters" Boy Hamkens, der das Gut 1771 erworben hat, Kunde gibt.

TINEKE

In der baulichen Entwicklungsgeschichte der Herrenhauskultur stellt Knoop einen Höhepunkt dar. Das Gebäude wird in der Literatur als „bedeutendste" klassizistische Ausformung eines Herrenhauses im Lande bezeichnet und es weist doch zugleich mit der Ausrichtung seiner Gartenpartie auf die technische Großleistung des Kanalbaus über das Jahrhundert seiner Entstehung hinaus.

Als Architekt wurde der junge Däne Axel Bundsen tätig; 1796 war der Rohbau fertiggestellt, vier Jahre später der gesamte Ausbau. Ursprünglich war ein anderer Planer am Werk gewesen: Carl Gottlieb Horn, der turnusmäßig in der Familie des Grafen Schimmelmann beschäftigt wurde und das Vorgängergebäude in Knoop eigentlich nur umgestalten wollte.

Der Auftrag an Horn kam nicht von ungefähr. Denn Caroline, die Frau von Gutsbesitzer Heinrich Friedrich von Baudissin, hatte Haus und Hof sozusagen als Mitgift in die Ehe eingebracht. Sie war eine geborene Schimmelmann und ihr Papa hatte Knoop kurz zuvor durch Ankauf aus der Schuldenfalle erlöst.

Doch Bundsen dürfte schon deswegen den Zuschlag erhalten haben, weil die Baudissins ihm ein zweijähriges Reisestipendium nach Frankreich und in die Schweiz finanziert hatten. 1791 von dieser Tour zurückgekehrt, sollte sich die „Investition" lohnen und der Mittzwanziger durfte loslegen.

Der alte Horn dagegen wurde mit dem Bau der Kavaliershäuser und der Gestaltung des Parks abgefunden. Dieser orientierte sich, wie das Haus, an der großen künstlichen Landmarke, dem Kanal. Auf einer Anhöhe plazierte man einen Pavillon, von dem aus der Schiffsverkehr betrachtet werden konnte.

Als später die Wasserstraße ausgebaut wurde und der heutige Nord-Ostsee-Kanal entstand, ging ein wichtiger Teil des Knooper Parkgeländes verloren. Aber an der Stelle des Aussichtspavillons steht immer noch ein Gartentempel. Er ist 1912 von dem Bremer Architekten und Dichter Rudolf Alexander Schröder (1878–1962) entworfen worden. Schröder war befreundet mit dem Fabrikanten Gerhard Friedrich Hirschfeld, dessen Nachkommen den Besitz bewirtschaften.

Wie ein griechischer Tempel, auf der Hofseite mit mächtigen ionischen Säulen geschmückt, thront das Herrenhaus Knoop am alten Eiderkanal – dem heutigen Nord-Ostsee-Kanal – über dem Getriebe der Zeiten. Äußerlich ist der klassizistische Bau erstaunlich heil durch die Jahrhunderte gekommen; selbst die Fliegerbomben auf das nahegelegene Kiel konnten seiner Substanz nichts anhaben. Die Inneneinrichtung dagegen wurde weitgehend nach Kriegsende von der englischen Besatzungsmacht entwendet. Besitzer Gerhard Hirschfeld hält heute auf unprätentiöse Weise Haus und Hof zusammen.

Im 19. Jahrhundert beginnt die Spätphase der Herrenhäuser. Statt geschmacklicher Sicherheit waren Anleihen an Baustile anderer Länder und Jahrhunderte an der Tagesordnung. Die Blomenburg am Selenter See (r.) entstand im englischen Tudor-Stil. In Tremsbüttel wurde das alte Herrenhaus abgerissen und ein Neorenaissance-Schlößchen errichtet (r. außen). Und Salzau (o.) geriet einfach nur sehr groß.

Das Torhaus von Salzau, im Hintergrund eine Bauernkate: Als die alte Anlage abgebrannt war, ließ Salzaus Besitzer Otto Graf Blome mit einer für die Kaiserzeit typischen Geste in nur einjähriger Bauzeit das neue, riesige Gebäude aus dem Boden stampfen. Mit mehr als 90 Räumen.

Das Gutsgefängnis: In der Nähe von Schloß Weissenhaus hat sich ein Beispiel erhalten.

Auch eine Gärtnerei, hier in Emkendorf, war Bestandteil des Gutes – wichtig schon für die Pflege des großen Parks.

Das adlige Gut war in den alten Zeiten als soziale Struktur und als wirtschaftlicher Betrieb an bestimmten Merkmalen zu erkennen. Im Mittelpunkt dieses eigenen Rechts- und Verwaltungsbezirks stand gewiß ab der zweiten Hälfte des 16. Jahrhunderts die gesetzlich anerkannte Leibeigenschaft; sie sorgte dafür, daß in den zum Gut gehörigen Dörfern immer genügend Personal zur Verfügung war, um die riesigen Flächen zu bewirtschaften.

Ohne Zweifel brachte dieses System scharfe Einschränkungen mit sich. Der Besitzer eines adligen Gutes (was auch ein „Bürgerlicher" sein konnte) amtierte als Herr über Hals und Hand. Aber der Leibeigene war andererseits auch nicht rechtlos. Der Gutsherr hatte ihm gegenüber Verpflichtungen, die sogar eingeklagt werden konnten. Der Wissenschaftler Wolfgang Prange resümiert: „Falsch wäre es anzunehmen, daß die wirtschaftliche Lage leibeigener Bauern immer und gleichsam per definitionem schlecht (gewesen) sei."

Heute finden wir die Spuren der Gutsherrschaft meist nur noch in ihren baulichen Signaturen wieder. Doch bei genauem Zusehen läßt sich der Kosmos des adligen Gutes recht genau rekonstruieren. Da gibt es das Dorf oder die Dörfer mit den wichtigen „Versorgungsinstanzen" Gasthof und

Im Verwalterhaus unmittelbar vor den Toren der Herrschaft liefen alle Stränge der Gutswirtschaft zusammen. Diese romantische Version steht in Weissenhaus.

Authentische Kulisse: Blick in den Kreuzgang des St. Johannisklosters vor Schleswig, einem der vier adligen Klöster im Lande.

Der „Schlie-Krog" im alten Gutsdorf Sieseby an der Schlei ist eine empfehlenswerte Adresse (rechte Seite). Mehr versteckt und geheimnisvoll, aber auch typisch für die Gutsbezirke: ein Denkmal im Park, hier von Schloß Weissenhaus.

Kirche – manche Gutsbesitzer sind heute noch als „Patron“ im Kirchenvorstand engagiert.

Dann ist der „Meierhof“ (ein schönes Beispiel in Damp) zu nennen als ausgegliedertes Zentrum der Milchwirtschaft und vor allem das Verwalterhaus, meist unmittelbar vor den Toren des Gutes. Nicht zu vergessen das Gutsgefängnis, von dem sich nur wenige Beispiele erhalten haben.

Doch keine Strenge ohne Fürsorge. In den Ahrensburger „Gottesbuden“ auf dem Gelände der Gutskirche kamen arme Leute für wenig Geld unter. In der Nähe von Gut Damp gibt es ebenfalls eine Häuserzeile mit Kapelle und Sozialwohnungen. Zum sozialen Netz gehörten auch die vier adligen Klöster im Lande, in denen die unverheirateten Töchter der Ritterschaft versorgt wurden. Sie sind immer noch eine Welt für sich. St. Johannis vor Schleswig allerdings hat sich dem Publikum geöffnet. Hier kann man sogar den Remter für Veranstaltungen buchen.

Von Einsteigern und Aufsteigern

Die Herrenhaus-Gesellschaft in Bewegung

Die Gesellschaft der Gutsbesitzer ist in ihrer Geschichte nie ein geschlossener Zirkel gewesen. Familien aus anderen Regionen wanderten zu oder gelangten im Erbgang auf die Herrenhäuser Schleswig-Holsteins; die Freiherren von Ruffin etwa, ein süddeutsches Adelsgeschlecht, die erst nach dem Zweiten Weltkrieg Gut Basthorst in Lauenburg übernahmen. Und selbst der Uradel speist sich aus unterschiedlichsten Quellen.

Doch es gab nicht nur Einsteiger in die Herrenhaus-Gesellschaft, sondern auch Aufsteiger – bürgerliche nämlich. Das heißt: Wir sprechen von der Zeit vor 1919. In diesem Jahr wurde der Adel als Stand abgeschafft; seine Bezeichnungen gelten seitdem als Teil des Namens.

Aber im 19., vor allem im 18. Jahrhundert, da war das noch ganz anders. Die Aufnahme in die Ritterschaft und ganz generell die Erhebung in den Adelsstand schienen manchen Erfolgsfiguren höchst erstrebenswert zu sein. Vor diesem Hintergrund spielten sich erstaunliche Karrieren ab.

Die Caspar von Salderns zum Beispiel. Ein Adelsprädikat kam seiner Familie ursprünglich gar nicht zu; aber es gab da eine gleichnamige adlige Familie in Niedersachsen. Geschickt verstand es von Saldern, sich in den Stand hineinzumogeln, bis hin zur Verwendung des Wappens der Nachbarsippe. Einmal dort angekommen, ging alles wie von selbst. 1771 wurde der kaiserlich russische Staatsrat, dessen engere Herkunft jetzt niemanden mehr interessierte, in die Ritterschaft aufgenommen.

Sönke Ingwersen aus Langenhorn in Nordfriesland ist auch solch ein Fall. Der Legende nach mußte er seine Heimat eilig verlassen, weil er – grundlos, wie sich später herausstellte – fürchtete, einen Nebenbuhler erschlagen zu haben. Nach Erfolgen in Südostasien, er amtierte zeitweise als Gouverneur auf Java, kehrte Ingwersen als wohlhabender Mann nach Norddeutschland zurück und erwarb 1758 vom dänischen König das Gut Gelting. Ein Jahr darauf wurde er als Baron von Gelting in den Adelsstand erhoben. „Fürst von Angeln“ soll er sich in schwungvoller Übertreibung gerne genannt haben; Gut und Herrenhaus jedenfalls sind nach wie vor im Besitz der freiherrlichen Familie, die heute von Hobe heißt.

Das schlagende Beispiel freilich für die Karriere eines Aufsteigers, mitten hinein in die Adelsgesellschaft des 18. Jahrhunderts, das ist die Geschichte von Heinrich Carl Schimmelmann: Schatzmeister des dänischen Königs, Herr der Lehngrafschaft Lindenborg in Nordjütland und rezipiertes Mitglied der schleswig-holsteinischen Ritterschaft – um nur einige seiner Funktionen und Auszeichnungen zu nennen. Die Herrenhäuser Ahrensburg, Emkendorf und Knoop sind mit seinem Namen verbunden.

Schimmelmann (1724–1782) wächst als der jüngste Sohn eines Kaufmanns im pommerschen Demmin auf. Er macht gutes Geld, weil er im Sie-

Herrenhaus Emkendorf: heute wie im 18. Jahrhundert umgeben von einem landwirtschaftlichen Betrieb – aber innen und außen mit klassizistischem Dekor versehen.

benjährigen Krieg sowohl die Sachsen wie die Preußen mit Furage beliefert. Als ihm der Boden zu heiß wird, setzt er sich nach Hamburg ab. Zuvor hat er die gesamten Bestände der Meißener Porzellanmanufaktur für 120 000 Taler erworben; in Hamburg versteigert, bringen sie ihm ein Vielfaches dieser Summe ein. Schimmelmann ist Millionär – aber gesellschaftlich nicht gerade anerkannt. Auch das Palais an der Hamburger Mühlenstraße hilft ihm da nicht weiter.

Also verlegt er sich auf das Territorium des dänischen Gesamtstaats, der gerade rote Zahlen schreibt und dringend eines „großen Schwungrads" – wie Schimmelmann schon bald genannt wird – bedarf. 1760 kauft er das Gut Ahrensburg, ein Jahr später wird er zum „Generalcommerzintendanten" ernannt. Seinem Ruf als Finanzgenie bleibt er nichts schuldig. Es gelingt ihm in der Tat, die dänische Staatskasse erst einmal zu sanieren; die Erhebungen zum Baron und Lehnsgrafen folgen auf dem Fuße.

Das profitabelste Geschäft seiner Zeit, das ist der sogenannte Atlantische Dreieckshandel. Der Kieler Professor Christian Degn hat dieses so prä-

Für die Zeitgenossen war die prachtvolle Ausstattung von Emkendorf, eingebettet in die Hügellandschaft am Westensee, wie ein Wunder. „Weimar des Nordens" wurde es genannt. Auch die Wandersleute auf dieser Sepiazeichnung von Siegfried Bendixen aus dem Jahr 1813 versuchen offenbar, sich auf Emkendorf ihren Reim zu machen.

zise wie lesbar herauspräpariert (vgl. S. 112). „Dreieckshandel" heißt: Manufakturwaren, Gewehre zum Beispiel, werden nach Afrika geliefert; von der Goldküste werden Sklaven auf die dänischen Plantagen in der Karibik verfrachtet; und von dort gelangen Zucker, Baumwolle und Edelhölzer nach Europa. Schimmelmann beherrscht alle Routen. Allein aus den Plantagen zieht er jährlich 70 000 Taler. An Reichtum kommt ihm in dänischen Landen keiner gleich. Doch sein eigentliches Ziel, so sagt Degn, „ist der soziale Aufstieg". Für sich selber hat er ihn erreicht, für seine Kinder noch nicht.

Da bietet sich die Einheirat in den adligen Stand an. Die Töchter Julia und Caroline verfahren danach. Julia heiratet den Grafen Fritz Reventlow, der gerade das Gut Emkendorf in der Gegend des Westensees geerbt hat. Und Caroline, die älteste Tochter, ehelicht den Grafen Heinrich Friedrich von Baudissin. Als Geschenk bringt sie das zuvor durch ihren Vater erworbene Gut Knoop mit.

Die Schwestern beginnen umgehend damit, die Herrenhäuser nach ihrem Geschmack umzugestalten. In Knoop wird neu gebaut. Der junge Architekt Axel Bundsen plaziert an prominenter Stelle oberhalb des damaligen Eiderkanals einen so schlichten wie eindrucksvollen klassizistischen Bau. Innen wird er weniger programmatisch angelegt als das Haus der Schwester Julia.

In Emkendorf entsteht dafür – ebenfalls mit Hilfe des schier unbegrenzten väterlichen Vermögens – die großartigere Inszenierung. Julia und Fritz, die bei kinderloser Ehe eine große Liebe verbindet, konzentrieren sich ganz auf die Ausstattung des ebenfalls weitgehend klassizistisch gehaltenen Ambientes ihres Herrenhauses. Von einer langen Italienreise bringen sie nicht nur Marmorstatuen und hervorragende Kopien von Gemälden mit; sie engagieren auch einen jungen Maler namens Giuseppe Anselmo Pellicia, der viele Zimmer – nicht nur – in Emkendorf mit Motiven der gerade entdeckten römischen Villen von Pompeji und Herkulaneum ausschmückt. Dieser „heidnische" Zierrat wird in ein ikonografisches Programm hineingestellt, das Moral und Tugenden betont.

Der Dichter Matthias Claudius war häufig auf dem Herrenhaus zu Gast. Hoch gebildet, verstand er gut die Anspielungen auf die griechisch-römische Antike in den Emkendorfer Räumen.

Das klingt nach einer reichlich leblosen Umgebung, zumal Julia häufig kränkelt und ihr Bett, ihre Suite gar nicht erst verläßt. Doch das Gegenteil ist der Fall. Emkendorf wird zu einer ungewöhnlichen Begegnungsstätte unterschiedlichster Persönlichkeiten und Biografien. Auch in anderen Herrenhäusern und Residenzen – Eutin, Tremsbüttel, Knoop – treffen gegen Ende des 18. Jahrhunderts manche Talente aufeinander. Emkendorf bleibt trotzdem sehr speziell, was gewiß mit der singulären Umgebung, dem großzügigen, ganz unterschiedlichen Gastgeber-Paar und nicht zuletzt mit der liberalen Gesprächsatmosphäre zusammenhängt. Anhänger und Flüchtlinge der Französischen Revolution, abgehobene Schwarmgeister und bodenständige Dichter wie Matthias Claudius, dazwischen kluge Köpfe der Kieler Universität: Sie alle steuern Gefühl, Meinung und Erfahrung zum „melting pot" am Westensee bei.

Der Zauber dieses „Weimar des Nordens“ überdauert wohl den Tod des Schatzkanzlers, der 1795 stirbt und in dem Mausoleum am Wandsbeker Markt in Hamburg begraben liegt. Das Vermögen, das er hinterläßt, wird auf sieben Millionen Taler geschätzt. Unter seinem Sohn, dem dänischen Staatsminister Ernst Schimmelmann, schmilzt dieser Schatz dahin. Emkendorf sinkt auf den normalen Status eines holsteinischen Landgutes zurück. Die Baronie Schimmelmann aber, die gibt es in Dänemark noch immer. So ganz umsonst sind die Aufstiegsträume des Demminer Kaufmannssohnes nicht gewesen.

Die hoffnungsvolle Verbindung adliger und bürgerlicher Elemente hat übrigens nicht nur Karrieren wie die der Familien von Saldern oder von Schimmelmann ermöglicht. Auch umgekehrt wurde ein Schuh daraus. Der Kieler Wissenschaftler Dieter Lohmeier, Chef der Landesbibliothek und einer der besten Experten für Adelskultur im dänischen Gesamtstaat, hat darauf hingewiesen, daß sich zunehmend auch „der Edelmann als Bürger“ gerierte. Typisch bürgerliche Normen wie Privatleben, Bildungsstreben oder Leistungsdenken haben sich, so Lohmeier, gegen Ende des 18. Jahrhunderts führende Kreise des Adels zu eigen gemacht.

Nur mit dem herkömmlichen Standesbewußtsein, das ursprünglich ja militärisch begründet war, ließ sich nicht mehr weit reisen. Freilich gehörte man weiterhin einer wohlhabenden Elite an, aber weniger wegen der adligen Herkunft als vielmehr durch Intellekt und Kultur. „Die gebildete Classe hat allein gegründete Ansprüche an diese regierung der Welt“, schreibt 1793 der Herzog Friedrich Christian von Augustenburg.

Einsteiger und Aufsteiger machen deutlich: Wir tun gut daran, uns die Welt der Herrenhäuser und ihrer Besitzer vielschichtiger und spannungsreicher vorzustellen als es die imponierend glatten

Das ehemalige Speisezimmer auf Emkendorf. Seine Substanz ist gesichert, aber es wurde noch nicht fertig restauriert – ein interessanter Einblick in die Eigentümlichkeiten des dekorativen Programms.

„Mohren" als Bedienstete gab es im 18. Jahrhundert auf vielen Herrenhäusern. Der Reichtum von Knoop – hier eine Szene mit der Hilfskraft „Christoph Tafeldecker" – und Emkendorf beruhte ganz wesentlich auf Kolonialbesitz und Sklavenhandel.

klassizistischen Fassaden erwarten lassen. So ähnlich halt wie auf Emkendorf.

Unter der streng gegliederten Decke des Festsaals ist auf einem abgehängten Boden der schwelgerische Stuck des vormaligen ländlichen Barockpalais zu erkennen. Und auf der Rückseite des Kavaliers-Flügels, erst Anfang dieses Jahrhunderts entsprechend verändert, wirkt dieser programmatisch durchgestaltete holsteinische Herrensitz dank der Kletterrosen, der Arkaden und Balkone wie ein ganz entspannt hingelagertes südliches Landhaus.

Freundschaft von Besitzern und Besatzern

Kriegs-, Vorkriegs- und Nachkriegsjahre sind für die Herrenhäuser immer eine Schicksalszeit gewesen. Schloß Breitenburg zum Beispiel wurde 1627, während des Dreißigjährigen Krieges, von Wallensteins Truppen verwüstet und die berühmte Bibliothek des Humanisten Heinrich Rantzau geraubt. Oder das Schicksal der Trojborg unweit von Tondern in Nordschleswig. Mitte des letzten Jahrhunderts erst wurde die Wasserburg von 1580 abgebrochen – sie paßte wohl nicht mehr in die Zeiten.

Nach dem Zweiten Weltkrieg nun mußten Schleswig-Holsteins Herrenhäuser ordentlich Federn lassen. In fast allen waren Flüchtlinge einquartiert, die Rohre der Bulleröfen ragten aus den Fenstern, auf Marmor und Parkett wurden Kaninchen geschlachtet.

Und dann die Engländer. Häufig waren die Stäbe der Besatzungstruppen in den Herrenhäusern einquartiert und manche benahmen sich wie die sprichwörtliche Axt im Walde. So wurde das Mobiliar in Knoop und Louisenlund zerstört und verschleppt, um nur zwei Beispiele zu nennen. Aber es gibt auch Gegenbelege. Die Einrichtung von Altenhof blieb erhalten, und das kostbare Ambiente von Emkendorf ebenfalls.

Christian Heinrich, der heutige Besitzer dieses Herrenhauses, kam damals gerade aus Kriegsgefangenschaft zurück. Er erinnert sich: „Ich ging auf das Haus zu und ärgerte mich wahnsinnig, weil auf dem Rasen die britische Flagge wehte. Und ich dachte mir: Jetzt kommst du vom Regen in die Traufe. Ich sah irgendwelche Briten, grüßte. Die grüßten wieder, alle."

Emkendorf hat unterschiedliche Gesichter. Die Parkseite des einen Flügels mutet nicht klassizistisch-streng, sondern verspielt, geradezu südlich-besänftigend an. Sie wurde Anfang des Jahrhunderts in diese Form gebracht.

Das gab ihm zu denken. Kurz darauf stellte sich heraus: Der Bann war bereits gebrochen. Sein Vater hatte das geschafft. Mit einer entwaffnenden Geste hatte er die britischen Offiziere zu sich eingeladen: „Meine Herren, das ist mein Haus, es steht Ihnen zur Verfügung!"

Seit dieser unabgeforderten Generosität besserte sich das Verhältnis zwischen beiden Seiten zusehends. Auch die zeitweise Internierung von Heinrich senior tat dem keinen Abbruch. „Fraternisierung" war, so kurz nach dem Krieg, streng verboten; auf Emkendorf geschah sie dennoch. Der britische Kommandeur bot der Gutsbesitzerfamilie das „Du" an; die allseits hochbegehrten Genußmittel Zigaretten und Spirituosen standen reichlich zur Verfügung.

Das Erntedankfest wird gemeinsam gefeiert. Später heiratet der Britische Chef des Stabes eine Flüchtlingsfrau aus Emkendorf

Jeden Abend im Winter entbrannte, spielerisch, der Kampf um das „Jagdzimmer". Das war – das ist – ein kleiner, mit Trophäen bestückter, gut heizbarer Raum, in dem man sich damals gerne aufhielt. Welche Partei nun als erste dieses Zimmer in Beschlag zu nehmen vermochte, durfte darin bleiben. Die andere mußte wieder abziehen. Und sie tat es dann auch.

Aus solchen Verabredungen entwickelte sich Vertrauen. Ein Beispiel. Christian Heinrich erzählt: „In den Vitrinen waren wertvolle Dinge verstaut, darunter auch Figuren aus Meissener Porzellan. Diese Vitrinen wurden aber nie abgeschlossen. Eines Tages kamen die Briten mit den Schlüsseln zu mir und sagten: ‚Wir kriegen jetzt Besuch, für den können wir nicht hundertprozentig garantieren, wegen der Souvenirs. Hier hast Du die Schlüssel!'" Als der Besuch abgefahren war, wurden sie wieder auf die Schlösser gesteckt ...

Und aus dem Vertrauen keimte die Freundschaft. Gemeinsam feierte man das erste Erntedankfest nach dem Krieg. Das ist bis heute auf den Gütern ein wichtiges Ereignis. Auf Emkendorf ging es so vor sich: Ein voll beladener Erntewagen, von vier Pferden gezogen, fuhr vor dem Herrenhaus vor, der Gutsbesitzer hielt eine Dankesrede und er bekam die Erntekrone überreicht.

Nur, wie sollte das im Jahr 1945 funktionieren – bei all den Militärlastwagen vor dem Portal? Christian Heinrich suchte die Briten auf: „‚Die Autos müssen da bitte weg!' – ‚Natürlich kommen die beiseite', haben die Briten gesagt. ‚Und wir brauchen eine Absperrung, damit niemand in den Vierspänner hineinläuft!' – ‚Kein Problem, wir sorgen für einen Posten!'" Schließlich lief alles auf ein gemeinsames Fest hinaus, das bis in die frühen Morgenstunden andauerte.

Eine andere Szene. „Smiling Death" hatte sich zur Inspektion angesagt. „Lächelnder Tod", so lautete der Spitzname des britischen Divisionskommandeurs, mit dem nicht gut Kirschen essen war. Briten und Deutsche unter einem Dach? Das hätte dem Haudegen überhaupt nicht gefallen. Der Chef des Stabes schilderte Heinrich das Problem. Der erinnert sich: „Der Offizier war ganz aufgeregt. Ich beruhigte ihn: ‚Klar spielen wir mit!' Ich habe dann alle Bewohner mobilisiert und wir sind vorher in den Park gezogen. Als Smiling Death wieder abgerauscht war, bekamen wir den Hinweis: ‚Ihr könnt jetzt ins Haus zurück!' Alles war glatt gegangen."

Gelegentlich allerdings wurde das gute Verhältnis zwischen dem Stab der „desert rats" – so nannte sich die Truppe – und den deutschen Herrenhausbewohnern dann doch strapaziert. Unter „gewöhnungsbedürftig" ließen sich ja noch allerlei Späße der Briten abbuchen – etwa, wenn sie einen Trinkbruder umschubsten, in einen Teppich wickelten und eine Zeit lang an der nächsten Wand deponierten.

Einmal wäre aus dem Spaß fast bitterer Ernst geworden. Wieder einmal wurde auf Emkendorf ein großes Fest gefeiert. Christian Heinrich kann auch davon berichten: „Am späten Abend waren die Briten so betrunken, daß sie Teile des antiken Mobiliars durch die Fenster des Gartensaals ins Freie warfen. Vieles ging dabei entzwei!"

Wie reagierten die Eltern darauf?

„Am Morgen marschierte meine Mutter zu dem britischen Kommandeur. Ich hab' gedacht, ich werd' nicht wieder. Sie faltete die Briten zusammen als wenn sie ihre Untertanen wären: Was sie sich dabei gedacht hätten, sie kämen doch aus einem kultivierten Land und wie das denn weitergehen solle? Daraufhin entschuldigte man sich und die nächsten Tage hörte man nur die Geräusche von Sägen und Hämmern. Alle, die handwerklich fähig waren, hatte der Kommandeur mit der Wiederherstellung des Mobiliars beauftragt. Heute gibt es im ganzen Herrenhaus nur einen Stuhl, der nicht richtig belastet werden kann – alles andere wurde damals von unseren Besatzern wieder zusammengebaut."

Sonntagnachmittagskaffee auf der Gartenterrasse von Basthorst. Gutsherr Enno von Ruffin ist, soweit nicht ganz unbekannt, mit der Sängerin Vicky, geborene Leandros, verheiratet und auch ihr Manager. Beide erzählen sie ganz unkompliziert von ihrer Art, mit dem Besitz und den Menschen darauf umzugehen. In der Tat haben es der Baron und seine Frau geschafft, das Gut modern aufzustellen und es dem Publikum zu öffnen, ohne dem Zeitgeschmack nachzulaufen. So ist fast schon ein „Modell“ entstanden, dessen Nachvollzug manche anderen Güter noch vor sich haben.

Aber, gemach. Als der alte Freiherr, Ennos Vater, im Spätherbst 1945 auf Basthorst anlangte, der Hof war im Erbgang an das eigentlich in der Steiermark beheimatete Geschlecht gekommen, da bot sich ihm nur das übliche Bild. Das Dorf wimmelte von Menschen. Im Herrenhaus wohnten 57, auf dem Gutshof etwa 150 Flüchtlinge. Nicht zuletzt mit deren Arbeitsleistung kam die Landwirtschaft langsam wieder in Gang. Technischer Wendepunkt war 1952: Da wurden zwei Mähdrescher angeschafft. Und „dynastischer“ zwei Jahre später: Der Stammhalter kam zur Welt. Enno von Ruffin erinnert sich noch gut an die vielen Tiere, die den Hof damals bevölkerten: „Die Pferde durften wir Kinder auch schon einmal zur Tränke in den Teich hineinreiten.“

Handwerk auf Basthorst: das renommierte Fagottkontor von Johannes Wahrig, in dem in penibler Kleinarbeit schöne Musikinstrumente gebaut werden.

Doch Anfang der 60er Jahre war das Pferdezeitalter auch auf Basthorst endgültig vorbei. Da hatten die Ruffins, als „Einsteiger" in die schleswig-holsteinische Herrenhaus-Gesellschaft von konventioneller Traditionsauslegung offenbar weit entfernt, längst damit begonnen, sich Gedanken über eine angemessene Nutzung der Gutsgebäude zu machen. Als bald nach den Pferden auch die anderen Tiere die Ställe verlassen mußten, weil das Wirtschaften sich nicht mehr rentierte, wurde aus dem Erlös des verkauften Viehbestandes eine Trocknungsanlage für das Getreide, das jetzt ja die Hauptrolle spielte, gekauft und in der Roggenscheune eingebaut.

So konnte man, berichtet Franz von Ruffin in seinem Buch über „Das Adelich Gericht Basthorst", die Abhängigkeit vom Landhandel „entscheidend verringern" und durch geschickte Lagerhaltung gute Preise erzielen. Sein Sohn Enno ist später noch einen Schritt weiter gegangen; er gehört zu den Gründern der Erzeugergemeinschaft „Cerealis", die ihr „Korn mit Lebenslauf" unmittelbar an die Mühle liefert, die wiederum auf ihren Mehlpackungen den Getreideproduzenten genau vermerkt. Voraussetzung für den Erfolg dieses mittelständischen Vertriebssystems ist gleichbleibende Qualität, zu der an erster Stelle eine ordentliche Lagerung gehört.

Im Zusammenhang mit den Tieren hätte, wie üblich, ebenfalls das umfangreiche Gutspersonal verschwinden müssen. Die Basthorster fanden auch für dieses Problem eine originelle Lösung. Sie gründeten eine Firma für Garten- und Landschaftsbau, in der viele ehemalige Bedienstete ihr Auskommen – gar nicht so weit von der früheren Tätigkeit entfernt – gefunden haben und die ihren Stützpunkt in einer der Scheunen hat.

Damit sind die Aktivitäten, die auf diesem Gut über die Landwirtschaft hinausgehen, noch lange nicht vollständig beschrieben. Wichtigster Posten ist wohl die Umwandlung des früheren Kuhstalls in ein Lager für Second-hand-Kleidung. Dort

mußte zunächst, betont der Vermieter Enno von Ruffin, „allerhand saniert werden; aber so langsam schwimmen wir uns frei“.

Am bemerkenswertesten freilich ist der Umstand, daß auf Basthorst etliche alte Gewerke wieder zum Leben erwacht sind. Früher waren ja Gut und Dorf eine weitgehend autarke Einheit, in der zumindest alle Handwerker ihren Platz hatten. Die Zeiten sind vorbei; doch auf Basthorst ist zum Beispiel wieder das typische Klopfen eines Schuhmachers zu hören.

Zur Werkstatt von Benjamin Klemann, untergebracht in einem kleinen Häuschen an der Gutseinfahrt, pilgern die Menschen von weit her. Sie erhalten hier paßgenaue Einzelstücke, deren Stil und Haltbarkeit sie begeistert. Gleich nebenan liegt das „Fagottkontor“ von Johannes Wahrig. Und in einem der Hofgebäude, das einst als Schmiede genutzt wurde, hat die Textildesignerin Heyke Manthey ihr Studio eingerichtet. Sie arbeitet mit Filz und hat ihre Modelle schon an große Namen, darunter Giorgio Armani, verkauft. Der Sonntagnachmittag ist lang geworden auf Basthorst. Es gab viel zu erzählen und zu besehen. Nicht zuletzt die Rolle der Gutsherrin – ein jedenfalls für die Künstlerin Vicky Leandros eher „antiquiertes Wort“. Denn, so fährt Freifrau von Ruffin fort, „dies ist ja ein moderner Betrieb, zu dem jeder seinen Teil beiträgt“. Der Kontakt zum Dorf, in dessen Gemeinderat ihr Mann sitzt, wird durch ihre Auftritte als Star nicht beeinflußt: „Ich bin für die Menschen hier ein vertrauter Anblick“, Feuerwehrball inklusive.

Die Konzertsaison allerdings kann für sie erst beginnen, wenn die Arbeit auf den Feldern Richtung Winter nachgelassen hat. Schließlich kümmert sich Gutsherr Enno von Ruffin auch um diese Basthorst-Variante. Einmal gelang es ihm, Landwirtschaft und Tourneebetrieb miteinander zu verbinden. Das war spektakulär: Auf einem Feld ließ er per Satellitennavigation Senf einsäen und aus den Körnern wuchs die Schrift „Vicky 97“.

Handwerk auf Basthorst: die Schuhmacherei von Benjamin Klemann, gleich gegenüber dem Dorfteich. Der gute Ruf von „Klemann Shoes“ reicht weit über die engere Region hinaus.

Das alte Gutshaus fungiert heute als „Gemeinschaftszentrum" der Stadt Glinde. Der Sohn des ehemaligen Besitzers hat es großzügig einer Stiftung vermacht.

Einer der letzten Aufsteiger in die Liga der Herrenhausbesitzer, das war Sönke Nissen. 1870 als Sohn eines Zimmermanns im nordfriesischen Kirchspiel Lindholm geboren, kauft er sich 1912 das Gut Glinde am östlichen Stadtrand von Hamburg. Das Herrenhaus, das mehr einer städtischen Villa ähnelte, wird nach seinen Vorstellungen aufwendig mit Stukkaturen und Wintergarten ausgebaut; der Turm wird aufgestockt.

Nissen ist stolz auf das Erreichte, aber doch nichts weniger als ein Angeber. Zu Reichtum war er in Afrika gelangt. Dort hatte er als Eisenbahn-Bau-Ingenieur gewirkt. Seine Aufgaben erledigte er vor der Zeit, was ihm viele Goldmark einbrachte, und mit einem, wie berichtet wird, höchst menschlichen Führungsstil.

Dann war ihm das Glück hold. Bei den Erdarbeiten in der namibischen Wüste wurden neben der Strecke Diamantenlager gefunden. Der rasch gegründeten Gesellschaft gelang es, sich das Terrain zu sichern, bevor der Run auf die Region einsetzt. Nissen kehrt als gemachter Mann nach Deutschland zurück.

Die Anerkennung in seinem Heimatland strebt er durch das repräsentative Herrenhaus an und gewinnt er durch den vorzüglichen, modernen Milchbetrieb, den er auf dem Gut fortführt und intensiviert. Aber auch in seiner engeren Region, Nordfriesland, macht sich Nissen einen Namen, setzt sich, wie er selber sagt, „ein Denkmal“ – bis heute hin. Überwiegend mit seinem Geld wird in der Bredstedter Bucht eine große Eindeichung vorgenommen, die nach seinem frühen Tod 1923 nach ihm benannt wird.

Sönke Nissens Sohn kümmert sich rührend um das Erbe seines Vaters. In Glinde ist er wohlbekannt; und in Risum-Lindholm hat er dem „Andersen-Haus“, nur wenige Meter vom ehemaligen Hof der Familie entfernt, erhebliche Mittel zur Verfügung gestellt, um friesische Sprache und Kultur lebendig zu erhalten.

Die Bauernhöfe im „Sönke-Nissen-Koog“ sehen mit ihren leuchtendgrünen Blechdächern noch immer so aus wie zu der Zeit, als Nissen den Koog finanzierte.

Nur wenig hat sich an Schierensee geändert, seit A. Hornemann um 1850 diese stimmungsvolle farbige Lithographie fixierte. Auch der mit Säulen und Vasen geschmückte Eingang, umrahmt von zwei Pavillons, bietet sich noch so dar wie zur Erbauungszeit.

Von Gärten und Gemächern

Das Herrenhaus als Gesamtkunstwerk

Die Innenausstattungen der Herrenhäuser sind ein unerschöpfliches Thema. „Unerschöpflich" schon deswegen, weil sie so unterschiedliche Stile und Nuancen zeigen. Viele der Räume und Gemächer können wir auf unserer Reise nur kurz besuchen. Da muß ein Hinweis ausreichen.

Aber auf Schierensee, dem vielleicht schönsten Herrenhaus in Schleswig-Holstein, wollen wir länger verweilen. Caspar von Saldern hat es einst erbauen lassen; der Zeitungs-Zar Axel Springer hat die Anlage Ende der 60er Jahre aus ihrem Dornröschenschlaf aufgeweckt. Aber wirklich lebendig ist Schierensee erst unter Günther Fielmann geworden, der das Gut 1997 von der Axel Springer Stiftung kaufte.

Der Augenoptiker – die Fielmann AG gehört in ihrer Branche zur Weltspitze – und professionelle Ökobauer setzt das fort, was Springer bereits begonnen hatte: Er bemüht sich, die Ausstattung der Räume des Herrenhauses möglichst authentisch zu komplettieren; und zwar immer nach den Krite-

Schierensee-Besitzer Caspar von Saldern stand als Diplomat unter anderem in Diensten der russischen Zarin Katharina der Großen. Neben diesem sehr fraulichen Porträt von ihr findet sich im Festsaal des Herrenhauses eine monumentale Darstellung der Herrscherin.

rien der Erbauungszeit im 18. Jahrhundert. Schierensee ist auf diesem Weg bereits weit vorangekommen.

Lange Zeit ließ sich das für den interessierten Betrachter gar nicht nachvollziehen. In Springers Jahren war die ganze Anlage so etwas wie ein Hochsicherheitstrakt, für geladene Gäste gelegentlich geöffnet. Fielmann geht damit etwas anders um. Öffentlichkeit ist für ihn keine Bedrohung. Das hängt schon mit dem gemeinnützigen Charakter der Stiftung zusammen, in deren Rechtsform dieses einmalige Ensemble auch der nächsten Generation übergeben werden soll.

„Einmalig" ist Schierensee, um es noch einmal zu sagen, weil der Stil der Erbauungszeit in den vielen originalen Ausstattungsvarianten, aber auch in den aus dem nordischen Kulturkreis mittlerweile hinzugekauften und schließlich in den gemäß alten Vorlagen nachgearbeiteten Details eine Atmosphäre schafft, deren Betreten einem Zeitsprung gleichkommt und noch jeden – darunter auch verwöhnte Häupter wie die englische Königin Elisabeth II. – verzaubert hat.

Häufig ist das Mobiliar aus den Jahren der Vorbesitzer, allemal aus dem 18. Jahrhundert, auf den Herrenhäusern gar nicht mehr vorhanden; und wir sprechen bei der Innenausstattung dann nur noch über die „wandfesten" Einrichtungsgegenstände: Bilder, Öfen, Kronleuchter.

Da hatten es die Häuser, die sich teilweise seit Jahrhunderten in Familienbesitz befinden, naturgemäß leichter. Schloß Breitenburg, die Herrenhäuser Rastorf oder Kletkamp glänzen mit Ausstattungsgegenständen, deren sorgfältiger Erhalt gar nicht in Frage steht.

Eine Besonderheit stellt in diesem Zusammenhang das Herrenhaus Altenhof bei Eckernförde dar. Wie auf allen großen Gütern wurde auch hier ständig an- und umgebaut. Von außen betrachtet, bietet sich die mächtige, U-förmige Anlage in der „überarbeiteten" Version des seinerzeit berühmten Architekten Paul Schultze-Naumburg dar, der von 1904 bis 1910 die Neugestaltung leitete. Die früheren Bauperioden sind an den Fronten der Gebäude mit Mauerankern schön dokumentiert.

Das Interieur von Altenhof dagegen repräsentiert die adlige Wohnkultur des 18. und 19. Jahrhunderts. Gobelins, Möbel, Bilder: Sie alle sind durch die Zeitläufte gekommen, beschützt von einer energischen Besitzerfamilie. Deren Porträts sind auf den Supraporten über den Türen nahezu vollständig versammelt.

So müssen wir schon froh sein, wenn andere Herrenhäuser wenigstens in einigen Räumen noch eine historische Ausstattung herzeigen. Besonders erwähnenswert sind, nach diesen Kriterien, zum Beispiel die Herrenhäuser Gelting, Wulfshagen und Ludwigsburg. Gelting und Wulfshagen kenne ich nur aus der Literatur. Gerühmt werden die Stuckarbeiten an den Wänden des Geltinger Festsaals. Und in Wulfshagen das „blaue Kabinett", dessen monochrome Anmutung auf die Jahre um 1730 zurückgehen soll.

Das Herrenhaus Ludwigsburg nördlich von Eckernförde, ein mächtiger Bau mitten im Wasser, birgt gleich zwei ganz ungewöhnliche Räume, die so sonst nirgends in Schleswig-Holstein anzutreffen sind. Im ersten Stock, neben dem Festsaal, da hat die Denkmalpflege vor noch nicht langer Zeit Tapeten aus dem frühen 18. Jahrhundert entdeckt. Sie zeigen Kampf- und Fluchtszenen aus dem Eroberungskrieg der Franzosen gegen Algerien zwischen 1830 und 1847; und sie sind, gerade das ist auch reizvoll, noch nicht vollständig restauriert.

Vor allem aber ist Ludwigsburg berühmt für seine „Bunte Kammer". Die Wände dieses kleinen Raums sind rundum bedeckt mit Bildern und den dazugehörigen Sinnsprüchen. Insgesamt 170 Tafeln, in sieben Sprachen beschriftet. Entstanden wohl 1673, im genußfreudigen Barock, war die „Bunte Kammer" ein Renommierprojekt des damaligen Besitzers Graf Kielmannseck. „Diese Kronen will ich haben, oder muß man mich begraben", ließ er über eine Tafel schreiben. Ganz so weit kam's nicht; aber eingekerkert, als er beim dänischen König in Ungnade gefallen war, wurde er schon. Die „Bunte Kammer" brachte ihm kein Glück. Nach seiner Freilassung hatte er das Interesse an Ludwigsburg, das damals noch „Kohöved" hieß, verloren. Mit seiner Bibliothek, die schließ-

Günther Fielmann besitzt Schierensee seit 1997. Er will seinem edlen Anwesen wieder einen lebendigen Bauernhof hinzufügen. Limousin-Bulle „Ivanhoe“, mit dem er sich hier präsentiert, paßt da gut ins Bild.

lich 43 000 Bände umfaßt haben soll, zog er sich auf einen anderen Besitz zurück.

Ein Wort zu solchen Bücherbeständen. Sie sind seit den Bildungsidealen der Renaissance ein herausragendes Kennzeichen des Interieurs auf den Herrenhäusern. Kaum ein Bau, der im 18. Jahrhundert nicht mit einer Anzahl in ihrer Thematik häufig spezieller, auch fremdsprachiger Bücher aufwarten konnte. Häufig waren sie von Bildungsreisen in das europäische Ausland mitgebracht worden; ihr Sammeln und ihre Kenntnis entsprach eine Zeit lang dem aufgeklärten, beinahe „bürgerlich“ zu nennenden Selbstwertgefühl der adligen Herrenhausbesitzer.

Aber sie dienten, allemal in der Masse, als Wertgegenstände auch der Untermauerung des Renommees. Die Bibliothek auf Schierensee – bevor Caspar von Saldern dort seine eigene aufbaute, deren Grundzüge sich erhalten haben – war Anfang des 18. Jahrhunderts so berühmt und werthaltig, daß große Teile unter Vermittlung des Gelehrten Gottfried Wilhelm Leibniz an die Herzog-August-Bibliothek in Wolffenbüttel verkauft wurden.

Vielen anderen Büchersammlungen war das Schicksal nicht so gnädig. Sie wurden verstreut, geraubt (auf Schloß Breitenburg nach der Eroberung durch Wallensteins Truppen); manche fielen den Flammen zum Opfer, wie wohl die Bibliothek des Salzauer Gutsherrn Wulf Blome (1728–1784), der eine gebildete, seinen leibeigenen Gutsleuten zugetane Persönlichkeit gewesen sein muß. Die Schleswig-Holsteinischen Provinzialberichte von 1787 rühmen, daß er „in jedem Dorfe ein Schulgebäude von Steinen hat bauen lassen“. Mehr Fortune als der ambitionierte Graf Blome hatte Altenhof. Hier überdauerte die Bibliothek aus den Zeiten der Reventlow'schen Besitzer die Jahrhunderte.

Gewollt oder ungewollt – die Innenausstattungen der Herrenhäuser zeigen viele Varianten auf. Wir kennen barocke und klassizistische Formen, pompejanische Dekorationen und solche aus dem malaiischen Archipel, die Imitation englischen Cottage-Stils (auf Hemmelmark) oder die schweren Eichenmöbel der Gründerzeit wie in Tremsbüttel.

All das hat, wenn es halbwegs gepflegt daherkommt, seinen Reiz, sein eigenes Recht und erzählt seine eigene Geschichte des Wohlgefühls. Woran liegt es jedoch daß Schierensee immer noch so spezifisch bleibt, so aus dem Rahmen fällt? Gewiß, die Anlage ist ein Gesamtkunstwerk, aus hi-

Die meisten Räume auf Schierensee sind – im Vergleich zu denen auf anderen Herrenhäusern – eher klein. In diesen Proportionen kommt das authentische Inventar, das dem nordischen Kulturkreis des 18. Jahrhunderts entstammt, besonders gut zur Geltung. Im Eßzimmer (links) mit seiner für den Geschmack der Zeit typischen chinesischen Tapete und einem Kronlechter russischer Herkunft. Oder im grünweißen Damastkabinett mit einem Schreibsekretär aus Dänemark und darüber einem Bild, das eine Ansicht von Altona darstellt.

Blick in den Gartensaal, der den größten Teil der Rückfront des Hauses einnimmt. An dem Schreibtisch hat schon Caspar von Saldern Platz genommen; der Ofen stammt aus einer Stockelsdorfer Werkstatt.

storischem und heutigem Stilbewußtsein zusammengefügt. Gewiß, die Fülle und der Wert der authentischen Objekte ist überwältigend.

Doch erst, so meine ich, weil noch ein dritter Faktor hinzutritt, wird dieses Herrenhaus zu einem singulären Ereignis. Das ist die Gliederung und Aufteilung des Gebäudes selber, ja, der gesamten Anlage. Und dieser entscheidende Punkt wird nicht der Leidenschaft, dem Sachverstand und dem finanziellen Vermögen der Nachbesitzer geschuldet, sondern dem unkonventionellen Verhalten des Gründers dieses Hauses.

Man muß sich dessen Tage und seine Talente einmal vorstellen. Caspar von Saldern kauft das Areal 1751. Kurz zuvor war er „wegen eigenwilliger Amtsführung", wie es in der Literatur heißt, aus den Staatsdiensten entlassen worden. 1761 reist er anonym, verkleidet als Kaufmann Caspar Friedrichsen, nach St. Petersburg. Er gewinnt dort das Vertrauen des Zaren Peter III. und, nach dessen Ermordung, von Katharina der Großen. Sie ernennt ihn den holsteinischen Möchtegern zum Staatsminister.

Im gleichen Jahr stehen Rußland und Dänemark am Rande einer kriegerischen Auseinandersetzung. Die damals schon sprichwörtliche „Ruhe des Nordens" ist gefährdet. Mit seiner „unglaublichen Aufdringlichkeit" (Saldern-Forscher Lars N. Hennigsen) gelingt es dem Gutsherrn von Schierensee, im Verbund mit dem Altenhofer Detlev Re-

ventlow und dem dänischen Außenminister von Bernstorff, den Ausgleich zwischen den beiden Ostseestaaten zustandezubringen. 1773 wird im russischen Ort Zarskoje Selo der historische Vertrag unterzeichnet, in dem die Zarin auf ihre holsteinischen Ansprüche verzichtet.

Caspar von Saldern steht auf dem Höhepunkt seiner Karriere; für seine Vermittlungsbemühungen kassiert er, wie üblich, von beiden Seiten und wird wohlhabend. Aber dann verheddert er sich in seinem eigenen Ranküne-Repertoire und fällt in Ungnade. „Ziehen Sie den Vorhang, mein Herr, vor die Bühne der Welt, auf der sie gespielt haben", rät ihm eindringlich ein Gönner aus dem Umfeld der Zarin.

Da ist ja noch Schierensee. Von Saldern kompensiert seinen unfreiwilligen Abschied aus der großen Politik standesgemäß – der dänische König hat ihn vor Jahren schon zum Lehnsgrafen ernannt – mit der Intensivierung seiner Bautätigkeit auf dem Gutsgelände. 1776 wird das alte Wohnhaus abgebrochen und mit der Errichtung des jetzigen Herrenhauses begonnen.

In dieser Situation könnte man von dem Aufsteigertypus, den von Saldern ohne Zweifel darstellt, eine richtig prächtige, die Konventionen eher überbetonende Inszenierung erwarten. Doch das Gegenteil ist der Fall. Von Saldern geht ans Werk, indem er die bekannten Muster nachhaltig verändert, auf seine eigenen, ganz persönlichen

Der gelbe Salon oder das „Tägliche Zimmer" auf Schierensee. Erst bei der Renovierung kam durch die Freilegung der übermalten Wände der zart-gelbe Grundton mit den grauen und weißen Absetzungen zum Vorschein.

Tierfreunde unter sich: Der Augenoptiker züchtet Brillenschafe, eine seltene Rasse. Auch für den Erhalt anderer, in ihrem Bestand gefährdeter Nutztierarten setzt sich Fielmann auf seinen Öko-Höfen ein.

Bedürfnisse zuschneidet und so eine Intimität schafft, die Auftrittsmöglichkeiten nicht gänzlich vernachlässigt, aber doch beispiellos ist und bis heute den spezifischen Reiz von Schierensee ausmacht.

Das beginnt mit der Anlage des Wirtschaftshofes. Er wird in einem rechten Winkel zum Herrenhaus gesetzt. Damit entfällt die sonst so typische räumliche Distanz zwischen dem Personal und dem Hausherren. Die Ställe und die Zimmer des Chefs liegen auf einer Höhe. Vorher schon hatte von Saldern auf ein Torhaus verzichtet; statt dessen rahmen zwei Pavillons die mit Sandsteinvasen geschmückte Einfahrt in den Ehrenhof ein, der sich wie das eigentliche Herrenhaus dem Besucher offen und leicht erreichbar darbietet.

Auch die äußere Anmutung des Hauses ist typisch „von Saldern". Es gibt eine mächtige Freitreppe, es gibt das Wappen und den Sinnspruch „Non mihi sed posteris" („Nicht für mich, sondern für die Nachwelt"), weiße Pilaster gliedern die Front – aber der ganze Bau macht doch einen gedrungenen, eher bäuerlich-bodenständigen Eindruck. Dazu tragen auch die vergleichsweise kurz gehaltenen Seitenflügel bei. Repräsentation mit gebremsten Schaum.

Innen setzt sich diese, ich möchte fast sagen: nachdenkliche Art der Gliederung fort. Freilich, man betritt eine schöne Diele mit den üblichen Marmorfliesen – aber wo ist die Treppe in den ersten Stock geblieben, ein unverzichtbares Auftrittsrequisit in vielen Herrenhäusern? Von Saldern hat die Stufen in den hinteren Teil des Hauses verbannt. Und der Festsaal? Von Saldern findet eine perfekte Lösung: Er legt ihn in den linken Seitenflügel. Da kann man ihn, in der Wirkung schön gesteigert durch ein kleines Vorzimmer, gut benutzen; aber der große leere Raum ist auch nicht so dominant wie anderswo immer wieder.

Rechts vom Eingang gelingt von Saldern eine nicht minder ungewöhnliche Raumgliederung: Schneckenförmig gehen die einzelnen Gemächer ineinander über. Bereits im ersten Raum, dem „Gelben Salon", auch das „Tägliche Zimmer" genannt, wird das Gestaltungsprogramm verkündet: Bewohnbarkeit, Privatheit. Auf einem großen Gemälde sind drei Personen zu erkennen: der Hausherr im Morgenmantel, seine Tochter Agatha von Schnell und seine Hausdame Amalie Friederike Schnepel. Das Mädchen entstammt Salderns Verbindung mit der älteren Schwester der Hausdame, die späterhin seine Favoritin war.

Auf den anschließenden „Grünen Salon" – grün wegen seiner Damastbespannung, die Axel Springer in Lyon nachweben ließ – folgen mehrere kleine Kabinette, die Bibliothek sowie das fensterlose ehemalige Schlafzimmer von Salderns, heute als Archiv genutzt. Sozusagen das Innerste des Schneckenhauses. Axel Springer blieb es vorbehalten, die danach Richtung Garten und Park angeordneten drei Zimmer in einen einzigen „Gartensaal" umzuwandeln, unter dessen erlesener Einrichtung der Originalschreibtisch Caspar von Salderns und ein Stockelsdorfer Ofen besondere Aufmerksamkeit verdienen. Hinreißend in seiner Melange aus starrer Konvention und ungeschminkter Kindlichkeit das Porträt der Prinzessin Sophie von Preußen, gemalt von Antoine Pesne. Dieser kurze Rundgang durch das Haus wäre unvollständig ohne einen Besuch in dem gemütlichen Porzellankabinett, durch das man in das Eßzimmer an der Südostecke gelangt, ausgestattet unter anderem mit grüntonigen, gemalten Tapeten, die chinesische Motive zeigen.

Schierensee ist ein raffiniert angelegtes Haus. Es hat seinen ganz eigenen Rhythmus, seine spezifische Gangart, so wie sich dieses auch für Caspar von Salderns Auftreten und Wirken sagen läßt. Erst die Proportionierung der Räume erweckt die kostbare, von ihm und den Nachbesitzern paßgenau eingefügte Ausstattung zum Leben.

Axel Springer hat versucht, noch einen eigenen Akzent oben draufzusetzen. Er ließ durch den Kunsthistoriker Henrik Lungagnini eine der ungewöhnlichsten Sammlungen nordeuropäischer Fayencen auf Schierensee zusammentragen. Über 750 Stücke, darunter viele aus Schleswig-Holstein, fanden sich schließlich an den Wänden des Jagdsaales im Kellergeschoß und im „Fayencensaal" des ersten Stockwerks. Fielmann hat diese Preziosen aus der Rokoko-Zeit nicht übernommen, als er Haus und Hof kaufte. Sie sind heute im Schleswiger Landesmuseum Schloß Gottorf zu bewundern.

Aber der Holsteiner Lehrerssohn, aufgewachsen 25 Kilometer Luftlinie von Schierensee entfernt, ein leidenschaftlicher Gärtner und Naturliebhaber, beschäftigt sich doch ebenfalls stark mit der inneren Gestalt und der äußeren Zukunft seines Herrenhauses. So langsam akzentuieren wieder ausgesuchte Fayencen die Räume. Besonders stolz ist Fielmann auf den Erwerb einer Uhr, von der es noch vier Exemplare auf der Welt gibt – drei in Dänemark und eines jetzt eben auf Schierensee. Der Schleswiger Uhrmacher Radeloff hat dieses technische und künstlerische Meisterwerk im 17. Jahrhundert angefertigt.

Solche Einzelstücke werden aus seiner Privatschatulle bezahlt und in den Bestand an Kunstwerken, die das Haus schon aufweist, integriert. Die Grunderhaltung dagegen leisten die Erträgnisse, die aus der gemeinnützigen Stiftung dem Bauwerk und der Gesamtanlage zufließen. Fielmann propagiert sehr bewußt dieses Modell auch für andere Güter, die sich nicht immer in bestem Zustand befinden. Warum trennen sich deren Besitzer, so fragt er, nicht von einem Teil ihres Anwesens und überführen den Erlös in eine Stiftung, um auf diese Weise den Erhalt des anderen, größeren Teils zu sichern?

Auch Caspar von Saldern hatte Überlegungen angestellt, wie es mit Schierensee in der nächsten Generation weitergehen könne. Und er war auf das damals übliche Instrumentarium eines „Fideikommiß" gekommen. Danach durften die Güter Schierensee und Annenhof (ein benachbartes Areal) niemals geteilt, verkauft oder mit Hypotheken belastet werden.

Aber so ganz traute er dem Frieden wohl nicht. Auf seinem Krankenbett machte er sich kurz vor seinem Tod schwere Sorgen um die Zukunft des Gutes. Sohn und Schwiegertochter verpflichtete er, sein silbernes Tafelservice in Hamburg nur hoch genug zu beleihen, „damit gleich Geld vorhanden sey, um die abgehende Domestiken zu bezahlen". Vorher schon hatte er dekretiert: „Ich will keine andere Kleidung im Sarg haben als meinen besten braunen Atlas und eine weiße Mütze auf dem Kopf." So geschah es. Caspar von Saldern starb, wie er gelebt und gebaut hatte: sympathisch unkonventionell.

Im Herbstlaub kommt die Anlage erst so richtig zur Geltung: Die Strukturen der Gebäude sind zu erkennen, aber zugleich wirken der englische Park und die Alleen noch belebt.

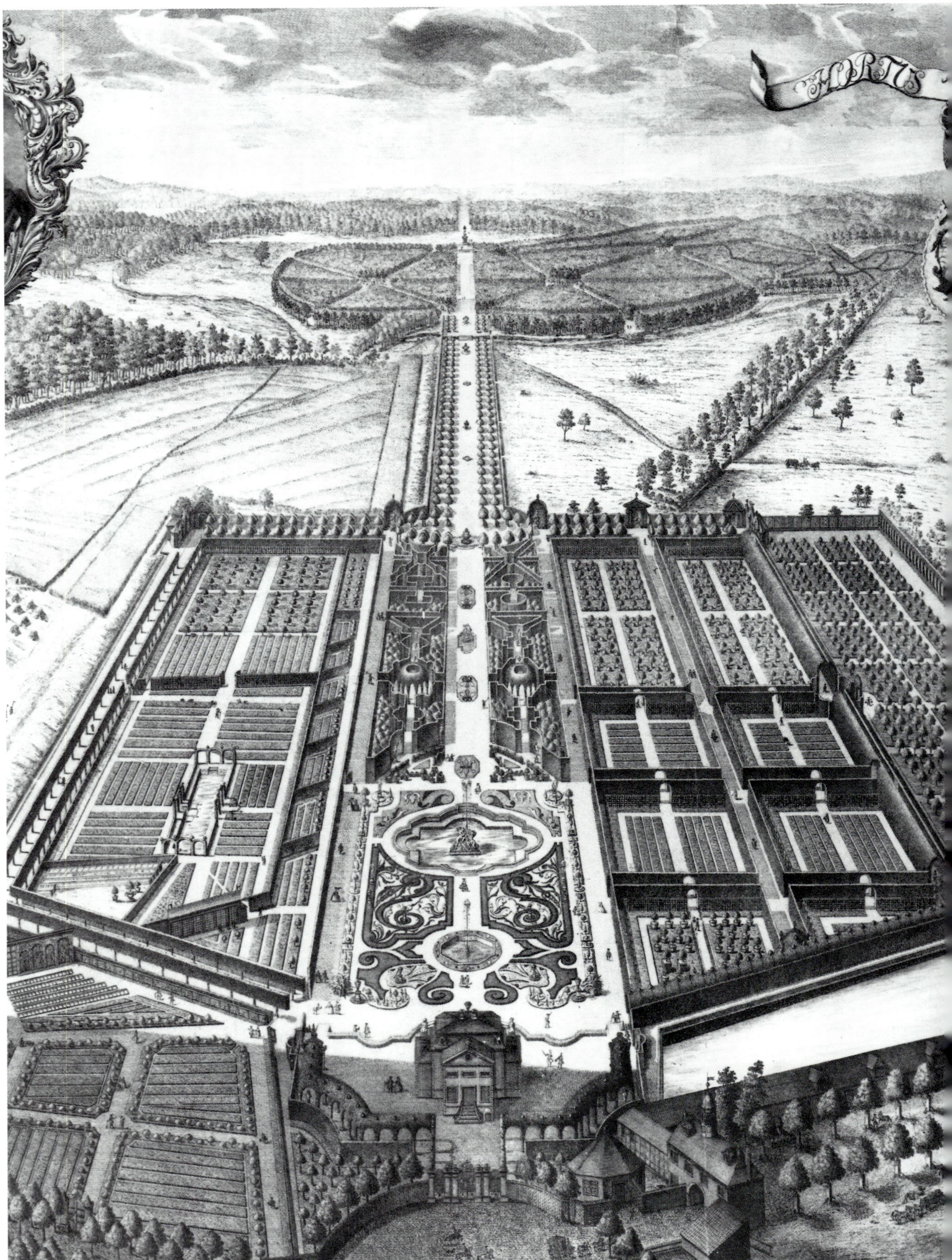

Der Barockgarten von Jersbek bei Bargteheide, den Herrenhausbesitzer Bendix von Ahlefeldt Anfang des 18. Jahrhunderts anlegen ließ. Er hatte auch einen Teil, der als Nutzgarten ausgeprägt war und er imponierte den Zeitgenossen unter anderem durch die mächtige Titanengruppe in dem zentralen Wasserbassin. Heute bedeckt der Rasen die monumentale Inszenierung.

Garten und Park: Ein Spiegel der Gesellschaft

Genauso wichtig wie die Innenausstattung ihrer Landsitze waren den Herrenhauseignern im 18. Jahrhundert die umgebenden Garten- und Parkanlagen. Mit großer Ambition betrieben, konnten wahre Wunderwerke aus Holsteins Niederungen und auf seinen Hügeln erwachsen.

Zu unterscheiden ist dabei zwischen dem in „französischer" Manier errichteten Garten und dem „englisch" genannten Landschaftspark, der etwa ab 1760 begann, das starre Regelwerk der Barockgärten abzulösen. Zumindest die großen französischen Anlagen, etwa in Jersbek oder Eutin, mußten den überregionalen Vergleich nicht scheuen.

Aber beide Versionen gestalterischer Leidenschaft sind heute nur noch in Restbeständen zu erkennen. Besonders die barocken Gärten, deren ausgeklügelte Details mit einem enormen Aufwand unterhalten werden mußten, haben die Jahrhunderte nicht überdauert. Eine Ahnung immerhin vermitteln die formale Anlage an der Vorderfront des Herrenhauses Panker bei Lütjenburg.

Eindrucksvoll geblieben sind die großen Alleen, die nicht nur die Zufahrt zu den Herrenhaus-Komplexen einrahmten, sondern häufig auch die Mittelachse darstellten, an der die gesamte Gartenkonstruktion aufgehängt war. Jersbek bietet hierfür ein gutes Beispiel. Wer sich von Segeberg aus dem Ort nähert, fährt auch heute noch durch eine mehrgliedrige Allee, die in ein Rondeel einmündet, zu dessen linker Hand das Lustschlößchen lag, von dessen Terrasse wiederum jene Achse ausging, die durch den Garten bis in den angrenzenden Wald führte und deren hinterer Teil wie einstmals als Allee ausgebildet ist.

Bendix von Ahlefeldt, von 1722 bis 1726 Leiter

Andeutung eines französischen Gartens auf Gut Panker (unten).

der Hamburger Oper, hatte die Anlage in der ersten Hälfte des 18. Jahrhunderts aus dem Boden stampfen lassen. Doch er konnte seinen aufwendigen Gartentraum nur etwa 15 Jahre lang unterhalten und genießen. Dann war er pleite. 1754 wurde das Gut verpfändet, 20 Jahre später fiel es endgültig aus dem Familienbesitz heraus.

Da hatten sich die Zeiten und die Moden aber auch bereits grundsätzlich geändert. Der Wechsel von der streng geometrischen zur landschaftsbezogenen Anlage wird von dem Wissenschaftler Wolfgang Kehn als „der tiefgreifendste Stilwandel in der gesamten Geschichte der abendländischen Gartenkunst" bezeichnet. Er spiegelt den nunmehr gepflegten aufgeklärten Absolutismus. Die Forderung nach der Abschaffung der „tyrannischen Gewaltthätigkeit der Scheere" – so der seinerzeit höchst einflußreiche Gartentheoretiker Christian Cay Lorenz Hirschfeld (1742–1792) – propagiert zugleich eine Hinwendung zu allgemein gültigen Werten wie Humanität und Vernunft, ein Gegenmodell zu allem höfischen Zeremoniell.

Caspar von Saldern war, nach seinem eher unfreiwilligen Abschied aus der großen Politik, derjenige, der auf seinem Gut Schierensee diese neue Philosophie von gärtnerischem und gesellschaftlichen Verhalten am nachdrücklichsten realisierte. Innerhalb weniger Monate hatte er – bezeichnenderweise für den Besuch des dänischen Königs – einen Park anlegen lassen. Zahlreiche geschlängelte Wege verbanden die vielen, über das Gelände verteilten Hütten und Pavillons miteinander; Treppen, Grotten und Kaskaden ergänzten die Inszenierung. Auch der englische Park verzichtete nicht auf Möblierung und Effekte!

Im Zentrum des umfangreichen Arrangements auf dem Heeschenberg befand sich, wie auch schon in frühen Zeiten üblich, ein kleines Gartenschloß. Das war aber jetzt nicht mehr dem lauten Rokoko-Vergnügen, sondern der Geruhsamkeit ge-

widmet. „Tranquilitati" stand, in Sandstein gemeißelt, über seinem Portal. Das Schild ist heute im Keller des Herrenhauses angebracht; und wie putzig das Schlößchen aussah, läßt sich auf einem Ölbild im Gartensaal erkennen.

Von Saldern setzte mit seiner Anlage ein Zeichen für modernes Lebensgefühl. Der Kieler Professor Hirschfeld besuchte Herrenhaus und Park und war davon ganz eingenommen. Er schrieb 1782: „Hier athmet alles Ruhe und Freyheit..."

Günther Fielmann, Schierensee-Besitzer seit 1997, hat sich – wie gesagt – vorgenommen, den Heeschenberg in seinen Grundzügen zu rekonstruieren. Die alten Pläne sind vorhanden. Und auch der Standort des „großen Pavillons" mit dem schönen Namen „Tranquillitati" ist nicht zu verfehlen. Er befand sich genau in der Verlängerung einer großen Lindenallee, die noch aus der Frühzeit des Platzes stammt und deren Blickachse, über einen Teich und eine schön geschwungene Brücke hinweg, auf den Hang des Hügels zeigt. So sind auf

Schierensee Elemente des französischen Barockgartens und des englischen Parks eine Symbiose eingegangen. Die holsteinische Landschaft macht auch das möglich.

Schierensee (auch oben): „englisch" anmutender Landschaftspark.

Von Würde und Bürde

Wie sich Häuser und Güter heute nutzen lassen

Graf Holck, Herr über rund 1000 Hektar in Ostholstein, schwitzt vor dem Computer. Auf dem großen Schreibtisch vor ihm stapeln sich die Papiere. Hinter ihm an der Wand ein Ahnenporträt, auf den Schränken Jagdtrophäen. Dies ist seine Schaltzentrale. Wenn er links aus dem Fenster schaut, dann hat er die Hofgebäude von Gut Farve im Blick; und geradeaus, über den Tisch hinweg gesehen, da beginnt die Zimmerflucht mit den privaten Räumen der Familie.

Landwirtschaft, das heißt heute immer mehr: Management und Verwaltung. Mit drei festen Angestellten wird solch ein riesiger Betrieb bewirtschaftet (in der Erntesaison kommen Hilfskräfte dazu). Genaue Planungen sind deswegen noch unerläßlicher als früher, als auf Farve über 60 Mitarbeiter ständig in Lohn und Brot standen.

Der entscheidende Umschwung war Ende der 60er Jahre geschehen. Bis dahin hatten die Gutshöfe einem Gemischtwarenladen geähnelt; zumindest gab es vielerorts noch Milchvieh. Das wurde abgeschafft, als die Haltung zu aufwendig wurde und die Erträge nicht mehr ausreichten, um den Betrieb, häufig mit einem Herrenhaus im Schlepptau, über Wasser zu halten. Die Mitarbeiter gingen, die großen Maschinen hielten Einzug (ein Mähdrescher kostet an die 400 000 Mark) – und die Scheunen standen auf einmal leer.

Farve, aus der Luft betrachtet. Das Herrenhaus stellt den seltenen Fall einer in sich geschlossenen Anlage dar, die um einen Innenhof herumgebaut wurde.

Auch wenn Landwirtschaft nach wie vor die dominierende Nutzung auf den Gütern ist, so muß sich doch der Gutsherr eine Menge einfallen lassen, um die großen Gebäude nicht dem Verfall preiszugeben und um zusätzliche Einnahmen zu erwirtschaften. Die Palette reicht vom Restaurant („Kuhhaus“, Damp) bis zum Lager für Secondhand-Kleidung (Basthorst); nicht zu vergessen die Nutzung der Scheunen durch die Konzerte des Schleswig-Holstein-Musikfestivals, wie auf Emkendorf, Hasselburg oder Salzau.

Das gleiche Problem – aber zugespitzter, da noch mehr kulturhaltige Bausubstanz auf dem Spiel steht – betrifft die Herrenhäuser selber. Was tun, wenn man einen solchen Klotz ererbt hat? Seine Dimension war einst auf eine Großfamilie und eine stattliche Anzahl von Bediensteten zugeschnitten. Beide sind heute verschwunden. Da lebt es sich beispielsweise im ehemaligen Verwalterhaus angemessener und bequemer.

Derweil kann man aus den Gemächern Appartements machen und diese an Touristen vermieten, die gerne „im Schloß“ ihre Ferien verbringen möchten. Und die Säle lassen sich für Veranstaltungen nutzen. Hier ist an erster Stelle der Kulturkreis Hasselburg e.V. zu nennen, der bereits 1977 vom Ehepaar Körting-Beurmann ins Leben gerufen wurde.

Nun besitzt nicht jedes Herrenhaus solch einen prächtigen (und auch noch akustisch hervorragenden) Saal wie Hasselburg, auf den sich eine gezielte Nutzung lenken läßt. Manchmal muß auch

Christian Graf Holck ist Landwirt aus Überzeugung und Wortführer der Gutsbesitzer: „Wir müssen immer betonen, daß wir unter freiem Himmel produzieren!“

das ganze Haus zur Disposition gestellt werden, um es der Nachwelt erhalten zu können. Angesichts der Menge der Räume ist dann häufig eine Umwandlung des Gebäudes in eine Schule, ein Krankenhaus oder Heim naheliegend. Die Problematik dabei: Auch wenn das Haus erhalten bleibt – strapaziert wird es allemal.

Die Blomenburg über dem Selenter See ist dafür ein gutes Beispiel. Bis 1993 war in dem romantischen Jagdschloß des Grafen Otto Blome, entstanden gegen Mitte des letzten Jahrhunderts, ein Erziehungsheim des Landes untergebracht. Der Erhaltung historischer Details muß dieser Umstand nicht gerade dienlich gewesen sein. Das Schullandheim im Herrenhaus Nehmten am Plöner See oder das Internat in Hemmelmark bei Eckernförde sind andere Belege.

Nutzung bedeutet eben immer auch Abnutzung. Aus diesen Grund hat, im Einvernehmen mit der Landesdenkmalpflege, der Besitzer von Herrenhaus Altenhof, Christoph von Bethmann Hollweg, die Führungen durch das ungewöhnlich gut erhaltene Haus seiner Vorfahren reduziert. Besichtigt werden kann es immer noch, aber erst nach einem klärenden Vorgespräch mit dem Verantwortlichen für die Substanz von Haus und Hof. Und nicht von ungefähr müssen die Besucher von Schloß Ahrensburg, das als Museum Aspekte der Adelskultur des 18. Jahrhunderts fein konserviert, in überdimensionale Filzpuschen schlüpfen; das alte Parkett wäre sonst schnell ruiniert.

Die Situation auf Altenhof kennzeichnet den Zwiespalt, in den die Herrenhausbesitzer gelangen, wenn sie ihr Areal öffnen. Altenhof ist bekannt als stimmungsvolles, gut ausgebautes Veranstaltungszentrum. Außerdem für seinen Golfplatz, der – samt Clubrestaurant in einem Seitenflügel des Herrenhauses – wunderbar in den alten Gutspark eingepaßt wurde. „Gibt es hier auch noch Landwirtschaft oder ruhen Sie den ganzen Tag auf dem Kanapee?“, werden die Bethmann Hollwegs manchmal provozierend gefragt.

Das nervt. Auch Graf Holck kennt solche Vorurteile: „Wir müssen immer sagen: Wir produzieren unter freiem Himmel. Das ist die Hauptsäule unserer Tätigkeit.“

Graf Reventlow, einer der Vorbesitzer von Farve, ließ dem Herrenhaus im letzten Jahrhundert einen neugotischen Mantel überziehen. So wirkt die alte Burg wie ein Märchenschloß.

Annäherung an Gut Falkenberg. Durch das große schmiedeeiserne Tor, das auf dem Foto nahezu filigran wirkt, läßt sich das schlichte, gelb gestrichene Herrenhaus erkennen. Das Bauwerk des Architekten Carl Gottlieb Horn ist nicht so alt wie viele andere Herrenhäuser. Dennoch strahlt dieses Falkenberg einen ganz besonderen Zauber aus und wirkt wie der Prototyp des Sitzes eines Landadligen.

Das muß auch dem NDR-Redakteur Dieter Meichsner eingeleuchtet haben, der Falkenberg als Kulisse für die Verfilmung des Fontane-Romans „Der Stechlin“ auswählte. Rolf Hädrich führte bei diesem Musterbeispiel einer Literaturadaption die Regie. Und die Atmosphäre des Gutes wird zu dem Erfolg des Projekts nicht wenig beigetragen haben. Theodor Fontane übrigens schrieb seinen Roman über die Zeitenwende auf den märkischen Gütern ziemlich genau 100 Jahre nach der Gründung von Falkenberg.

Gutsareale als Kulisse für die gefräßige Bildermaschine „Fernsehen“: Das war Mitte der 70er Jahre eher noch die Ausnahme. Speziell die schleswig-holsteinische Kulturlandschaft mit ihren Herrenhäusern wurde erst so richtig „entdeckt“, als zehn Jahre später mit dem Privatfernsehen die Suche nach ungewöhnlichen Stoffen und Motiven zunahm. Inzwischen sind Dreharbeiten auf den Gütern nichts Besonderes mehr.

Der Durchbruch kam mit der TV-Serie über die „Guldenburgs“, eine fiktive Adelsfamilie und deren durchaus nicht fiktiven Stammsitz, das Herrenhaus Wotersen bei Mölln. Daß viele Szenen im Studio gedreht wurden, ist dem großen Fernsehpublikum vermutlich gar nicht bewußt. Noch heute pilgert man nach Wotersen hinaus, um einen Blick auf die „Kulisse“ zu werfen.

Schließlich hängt immer noch das – verblassende – Reklameschild für „Guldenburg-Bier“ an dem alten Kornspeicher. Falkenberg erging es anders. Als „Der Stechlin“ abgedreht war, zog es sich wieder in sein Versteck zurück.

Versteckt hinter hohen Bäumen: Herrenhaus Falkenberg. Auf dem Gutsareal liegen auch die Reste der alten Fluchtburg des Bischofs von Schleswig – ein geschichtsträchtiger Boden.

In der Abendsonne glitzert das Wasser, aus dem sich das Herrenhaus Ludwigsburg unvermittelt erhebt, geheimnisvoll. Der wuchtige Bau scheint seine Schwere zu verlieren …

Ludwigsburg bei Eckernförde, wenige hundert Meter vom Strand der Ostsee entfernt, ist eines der schönsten barocken Herrenhäuser im Lande. Seit Anfang der Fünfziger Jahre gehört die Anlage der Bauernfamilie Carl, die damals aus Niedersachsen nach Schleswig-Holstein kam. Die Carls haben das alte Gut mit viel Ambition auf unterschiedlichste Weise dem Publikum geöffnet. Aber zunächst muß man sagen, daß Ludwigsburg natürlich auch ein „normaler" landwirtschaftlicher Betrieb ist.

Ein wichtiges Kennzeichen dieses Betriebs sind die Pferde. Auch Feriengäste, die auf Ludwigsburg willkommen sind, können ihr Pferd mitbringen; oder sie lernen, von einer Reitlehrerin darin sachverständig angeleitet, den richtigen Umgang mit den Rössern. Eine weitere Spezialität sind die Kutschfahrten, auf die sich besonders der Senior versteht. In einer Remise sind seine alten Kutschen, die einen großen Charme haben, „geparkt".

Damit freilich ist die Spannbreite des Ludwigsburger Angebots noch lange nicht erschöpft. So hat vor kurzem erst ein „Hofladen" aufgemacht, der einheimische, häufig lokale Erzeugnisse den Besuchern feilbietet. Der jährliche Weihnachtsmarkt – der vielerorts auf den Gütern veranstaltet wird, im Süden Holsteins ist Basthorst dafür bekannt – lockt vor der stimmungsvollen Kulisse des Herrenhauses ein erwartungsfrohes Publikum auf den Hofplatz.

Aber auch im Herrenhaus selber kann man es sich gut gehen lassen. Da gibt es die mächtigen Kellergewölbe, die schon die Vorgängerbauten trugen und unter denen munter gespeist und gezecht werden kann. Es ist schon ein ganz besonderes Gefühl, mitten im Wasser hinter den dicken Granitquadern und handgestrichenen Ziegeln zu tafeln.

Das gleiche läßt sich auf etwas elegantere Weise im Festsaal tun, der im ersten Stock liegt. Seine aufwendige weiß-goldene Holztäfelung stammt aus den Jahren um 1780. Als noch älter werden

die beiden lebensgroßen, ganzfigurigen Porträts von Kaiser Karl VI. und seiner Frau eingeschätzt, die damals wohl Ehrengaben für den bei Hof wohlgelittenen Besitzer waren. Die Carls veranstalten in dem schön dimensionierten Festsaal ihre „Ludwigsburger Abende", aber man kann ihn auch für gastronomische Zwecke buchen.

Gewiß läßt sich bei dieser Gelegenheit auch ein Blick werfen in das benachbarte ehemalige Speisezimmer mit seinen farbigen Tapeten aus dem frühen 19. Jahrhundert, die Szenen aus dem französischen Eroberungs-Krieg in Algerien zeigen.

Aber das „Allerheiligste" in Ludwigsburg, das ist und bleibt die „Bunte Kammer" im Erdgeschoß. Der relativ kleine Raum (vgl. S. 78 ff.), dessen Ausstattung auf das Jahr 1673 datiert wird, ist über und über mit auf Holz gemalten Sinnbildern – sogenannten „Enblemen" – bedeckt, insgesamt 170 Tafeln.

Im Barock waren solche Enbleme keine Seltenheit. Im Norden aber findet sich kein zweiter Platz, an dem diese Originale so vollständig und umfangreich erhalten geblieben sind. Außerdem ist das Ludwigsburger Ambiente durch eine Besonderheit gekennzeichnet: Die Tafeln werden zwar alle durch einen, in verschiedenen Sprachen abgefaßten Sinnspruch begleitet – doch es fehlt das Motto, das üblicherweise oberhalb des gemalten Motivs angebracht wurde.

Das bedeutet: Der Besucher sollte und mußte sich selber seinen Reim auf die Beziehung zwischen Sinnspruch und Malerei machen, denn deren Dechiffrierung wurde nicht mitgeliefert. Diese „Bunte Kammer", so moralisch ihr Programm sein mag, war auch als „Entertainment" gedacht. Besonders bei Kerzenlicht regen ihre Bilder und Lebensweisheiten zum langanhaltenden Spiel der Ausdeutung an. Da paßt es gut, daß seit einiger Zeit in dieser Umgebung auch standesamtliche Trauungen vorgenommen werden. Die Hochzeitsfeier kann dann ein Stockwerk tiefer oder höher stattfinden.

Pferde sind die Leidenschaft der Bauernfamilie Carl, die Herrenhaus und Gut Anfang der 50er Jahre erworben hat und in der zweiten Generation betreibt. Auch Hausgäste können ihre Pferde nach Ludwigsburg mitbringen.

Das Restaurant „Kuhhaus“ auf dem Gelände von Gut Damp. Es kann Gesellschaften bis zu 150 Personen aufnehmen und zeichnet sich durch einen geschickten Umbau der alten Stallung aus.

Das Einfügen von Restaurationsbetrieben in die Umgebungen der Herrenhäuser ist eine nicht so seltene Variante, um sich Refinanzierungsmöglichkeiten zu erschließen. Gelegentlich sind aus dieser „Notlösung“ sogar bemerkenswerte kulinarische Treffpunkte entstanden. Hier der Hinweis auf drei davon. Sie liegen alle im unmittelbaren Hinterland der Ostseeküste.

Da gibt es im ehemaligen Kuhstall von Gut Damp das Restaurant „Kuhhaus“, das geschickt und stilvoll in die alte Ständerscheune eingefügt wurde. Zwei Jahre lang wurde, unter der Oberaufsicht von Gräfin Reventlow, an dem Ensemble gewerkelt. Schließlich mußten die Giebelfront ganz abgerissen, die Steine gesäubert und neu aufgemauert werden. Beliebt ist das Damper „Kuhhaus“ nicht nur in der Saison bei den Urlaubern, sondern auch für große gesellschaftliche Feierlichkeiten, Hochzeiten zum Beispiel. Die romantische Gutskapelle für die kirchliche Trauung ist nur wenige hundert Meter entfernt.

„Hochzeit“ heißt auch das große Thema auf Schloß Weissenhaus. Hier kann sogar im Herrenhaus, das von den Eignern des Gutes – Graf Platen Hallermund und seiner Frau – nicht mehr bewohnt wird, gefeiert werden. Am Abend dann wird der Park, der zum Ostseestrand hinüberführt, festlich illuminiert, was, wie man versichert, seine Wirkung auf die hochgestimmte Gesellschaft noch nie verfehlt hat.

Weissenhaus, das sich beispielsweise auch für Tagungen abseits der Großstadthektik, aber unweit der Autobahn A 1 anbietet, kann mit zwei fest etablierten Restaurationsvarianten aufwarten. Im Sommer ist das „Schloß-Café“ ein beliebter Treffpunkt für alle Verehrer des Erdbeerkuchens; dazu plaziert man sich zwanglos auf dem weiten Rasen hinter dem Herrenhaus. Und im „Schloß-Keller“, der wie so häufig viel älter ist das Gebäude da drüber, kann man täglich ab 18 Uhr einkehren. Schon die kennerhaft geführte Weinkarte lädt dazu ein.

Nebenan ist eine wohlsortierte, weitgehend vom

Die renommierte Wirtschaft „Ole Liese“ in Panker erhielt ihren Namen nach dem Lieblingspferd eines der Gutsbesitzer, das hier vor 200 Jahren sein Gnadenbrot verzehren durfte.

„Forsthaus Hessenstein“, ebenfalls auf dem Gutsareal von Panker, liegt unmittelbar unterhalb des gleichnamigen, im neugotischen Stil errichteten Aussichtsturms, einem der höchsten Punkte im Lande.

Der Park von Schloß Weissenhaus animiert nicht nur zum sommerlichen Picknick mit Erdbeerkuchen. Nächtlich illuminiert, macht er bei Hochzeitsgesellschaften Eindruck.

Mitbringsel-Kitsch verschont gebliebene „Schloßboutique" untergebracht. Und um das Wohlfühlangebot zu komplettieren, werden in der Saison im Garten (Eintritt frei) und im Schloß Konzerte veranstaltet. In zwei Häusern auf dem gräflichen Gutsgelände stehen Ferienwohnungen parat.

Das dritte Beispiel für gepflegtes Essen und Trinken auf den Gütern ist wahrscheinlich das bereits bekannteste. Gemeint sind die beiden Landgasthöfe auf dem Besitz des Landgrafen von Hessen im mustergültig erhaltenen Dörfchen Panker bei Lütjenburg: die „Ole Liese" und das „Forsthaus Hessenstein". Beides sind wunderbare Plätze, von denen es, nach einem guten Mahl, nur schwer fällt, wieder aufzubrechen. Vielleicht kann man auch deswegen, das „Forsthaus" ist deutlich kleiner, in der „Olen Liese" (sieben Gästezimmer) gleich übernachten.

Harmonische Zivilisation an der Schlei

Nach dem Ende des Zweiten Weltkriegs dachten viele daran, zu allererst ihr privates Leben wieder in Ordnung zu bringen. Aber hier und da legte man auch ein Stückchen mehr Weitsicht an den Tag. Der Herzog zu Schleswig-Holstein gehörte in diese Kategorie.

1948 gründete er auf seinem Besitz Louisenlund, unmittelbar am hohen Ufer der Schlei, deren sackartige Erweiterung hier „Große Breite" genannt wird, ein Landerziehungsheim. Nach den Prinzipien des Pädagogen Kurt Hahn werden seitdem im Internat Louisenlund junge Leute in den klassischen Schulfächern, aber auch im Ausüben von Teamgeist, Kommunikationsfähigkeit und sozialem Engagement unterrichtet und ausgebildet. Louisenlund verzichtet aber auf den manchmal etwas herben Rigorismus, den Hahn ebenfalls empfohlen hatte. Mit seiner spezifischen Formel ist Louisenlund weit gekommen; das Internat gehört heute in die Spitzengruppe entsprechender deutscher Institute.

Immer noch ist in der Satzung der gemeinnützigen Stiftung als Erziehungsziel die Heranbildung der „harmonischen Ganzheit" eines jungen Menschen verankert. Das war seinerzeit sicherlich ein ungewöhnlicher Ansatz und klingt inzwischen, am Ende des Milleniums, nachgerade modern und „trendy". Aber was viel wichtiger und kennzeichnend für die Kontinuität auf Louisenlund ist: Mit diesem Begriff läßt sich ohne weiteres auch dessen Vergangenheit ansteuern.

Landgraf Carl von Hessen, der als Statthalter der dänischen Krone in Schleswig residierte, hatte sich diesen Sommersitz im 18. Jahrhundert eingerichtet und das Gut, das bis dahin schlicht „Ziegelhof" hieß, nach seiner Frau Louise, einer Schwester des Königs Christian VII., umbenannt. Carl von Hessen amtierte ungewöhnlich lange, von 1767 bis 1836. Seine Dienstzeit verhalf nicht nur dem Schleswiger Schloß Gottorf zu einem Abglanz der alten Reputation, sondern prägte auch Louisenlund.

Vom ehemaligen Gut ist heute zur Hauptsache nur noch der ehemalige Meierhof auf einem Hügel oberhalb des Parks übrig. In der Anlage aus dem Jahr 1641 hat die Unterstufe des Internats ihr ganz eigenes Revier gefunden.

Carl von Hessen war ein für seine Zeit modern denkender Mensch. So geht beispielsweise die Einrichtung des Schleswiger Hoftheaters neben dem Schloß Gottorf auf seine Liebe zur Bühne zurück. Er förderte auch entscheidend die Gründung des Eisengußwerks im benachbarten Rendsburg, ein wichtiger Schritt bei der Industrialisierung der Herzogtümer, und er favorisierte ganz allgemein Unternehmen in privater Hand. Schließlich setzte er sich für eine produktive Ar-

Das Louisenlunder Herrenhaus, der Mittelpunkt des Internats, von der Parkseite aus gesehen (oben). Seine Eingangsfront weist zur Schlei, an deren Ufer sich der Bootssteg befindet, hier mit Alida Gundlach, Schulleiter Henning Kraack und dem Stiftungsvorstand Prinz Christoph zu Schleswig-Holstein (v. links)

Das formale Rasenparterre vor dem Herrenhaus (oben) wurde nach barocken Vorbildern rekonstruiert. Der „Freimaurerturm“ im Park dagegen, ein markantes Bauwerk aus der Zeit Carl von Hessens, ist nur noch in Rudimenten vorhanden.

menfürsorge ein, indem „Armengärten“ errichtet wurden.

Besonders im Alter wandte er sich zunehmend seinen freimaurerisch grundierten alchemistischen, gelegentlich spiritistischen Neigungen zu. Im Park von Louisenlund gab es manche Stellen und Gebäude, die damit in engem Zusammenhang standen. Etwa die „Einsiedelei“ (erst nach dem Krieg zerstört), in deren mit Moos ausgekleidetem Holzbau sich ein Eremit aufrichtete, wenn man einen Mechanismus am Boden berührte. Oder den „Freimaurerturm“, in dessen Souterrain Carl von Hessen mit Farben und Essenzen laborierte, dabei unterstützt von einem höchst umstrittenen, genialen Verstellungskünstler, dem Grafen von St. Germain.

Häufig wird übersehen, daß das gerne als „aufgeklärt“ etikettierte Zeitalter eine starke irrationale Unterströmung aufwies, die sich auch auf den schleswig-holsteinischen Herrenhäusern bemerkbar machte. Nicht jeder ging dabei soweit wie Carl von Hessen; aber beide Pole – Rationales und Intuitives – bildeten doch eine immer wieder fruchtbare Spannung.

Auch die heutigen Louisenlunder haben begonnen, sich mit der Geschichte ihres Platzes zu beschäftigen. In den kurzweiligen Internats-Nachrichten, den „Louisenlunder Blättern“, tauchen Exkurse in die erstaunlichen Örtlichkeiten und deren Überreste auf. Und die postulierte „harmonische Ganzheit“ kann ja wohl nur heißen, daß der möglichst rational und paßgenau angestrebte wirtschaftliche Erfolg im Leben außerhalb des Louisenlunder Kosmos’ nicht das einzige Kriterium für einen gelungenen Schulabschluß darstellt.

Die rund 240 internen und etwa 100 externen Schüler werden gewiß intensiv auf die berufliche Wirklichkeit vorbereitet. Die Arbeit am Computer ist inzwischen eine Selbstverständlichkeit, Praktika in Firmen und selbst ein simuliertes Bewerbungsgespräch vor „echten“ Personalchefs gehören zum Repertoire. Um dieses zu organisieren, ist auch das Netzwerk aus Altschülern hilfreich.

Aber nicht weniger kennzeichnend für den Internatsbetrieb ist die Erprobung und Festigung des sozialen Verhaltens der jungen Leute. Da das Haus am Wasser liegt, wurde die „Seemannschaft" von Anfang an favorisiert. In Louisenlund wird auf Kuttern gesegelt, bis in die dänische Ostsee hinein; und diese Schiffchen besitzen kein Dach, keine Kabine, keinen Komfort.

Auch in anderen „Gilden", so heißt dieses Institut seit der Gründungszeit, kann man sich engagieren. Da ist etwa die Theatergilde zu nennen, die sich sehr ernsthaft an schwere Stücke wie Bertolt Brechts „Kaukasischen Kreidekreis" wagt.

Oder die Freiwillige Feuerwehr und das Technische Hilfswerk (THW). Diese Aktivitäten werden von den Schülern regelrecht professionell betrieben. Die „Lunder" gehören zur örtlichen Löschbrigade und sie bilden einen offiziellen THW-Stützpunkt. Beide Trupps genießen in der Umgebung einen hervorragenden Ruf. Ihre Mitglieder zeigen Disziplin, sie sind schnell verfügbar, deswegen häufig als erste vor Ort und sie beherrschen ihre Handgriffe.

Nüchtern kalkuliert, das räumen Schulleiter Henning Kraack und Stiftungsvorstand Prinz Christoph zu Schleswig-Holstein ein, wäre solch ein Internat sicherlich in einem Neubau besser aufgehoben. Aber in Louisenlund geht es, wie gesagt, nicht nur um rationale Effekte. Der alte Herzog hat den Platz nach Kriegsende schon richtig ausgesucht. Die Harmonie von Landschaft und Architektur übt eine ganz unaufdringlich pädagogische, eine zivilisierende Wirkung aus.

Dieser Effekt hilft sicherlich auch dabei, potentielle Spannungen innerhalb der Schülerschaft zu verringern. Die manchmal zu hörende Einschätzung, daß in Internaten wie Louisenlund besonders widerborstige Kinder besonders reicher Eltern erzogen werden, hält einer Nahbetrachtung nicht stand. Denn schon etwa 20 Prozent der Belegung geschieht über Stipendien, für die sich jeder Junge, jedes Mädchen bewerben kann. „Gute schulische Leistungen und die Bereitschaft zum Engagement in der Gemeinschaft" sind allerdings, so Schulleiter Kraack, die Voraussetzung, um für ein Stipendium in Erwägung gezogen zu werden.

In jedem Fall ist die Schülerschaft reichlich gemischt: Externe und Interne, Kinder aus wohlhabenden und nicht so begüterten Familien, junge Leute mit einem und viele ohne ein „von" vor dem

Mit der „Louisensäule", die fast unbeschädigt alle Zeiten überdauerte, setzte Carl von Hessen seiner Frau ein Denkmal.

Nachnamen. Hinzu kommt noch der internationale Aspekt.

An die zehn Prozent der Schüler auf Louisenlund sind Ausländer. Manche bleiben nur ein paar Wochen, im Rahmen des ständigen Austausches mit Partnerschulen. Andere bauen schließlich ein hervorragendes Abitur; wenige Jahre zuvor waren sie noch, ohne ein Wort Deutsch zu können, zum Beispiel aus Fernost an der Schlei gelandet.

Bei der Integration helfen ihnen spezielle Lehrkräfte, die als „native speaker" nicht nur den jungen Deutschen den richtigen Tonfall beibringen, sondern auch den ausländischen Schülern das Deutsche vermitteln.

So ist der ehemalige Sommersitz des dänischen Statthalters, an dem Carl von Hessen ein von höfischen Pflichten befreites, eher zurückgezogenes Leben führte, durchaus keine abgehobene „Insel der Seligen", die vom Alltag und ihren Konflikten kaum berührt wird. Immer wieder muß das gegenseitige Verständnis geübt werden, damit die Aufgabe, die diesem Herrenhaus und seiner Umgebung einmal zugeschrieben wurde, ein Stück Friedenspolitik in unfriedlicher Welt zu leisten, auch erfüllt werden kann.

Ob Jagdhornbläser in Wotersen, Jazz-Fans auf dem Rasen vor Salzau oder die Einladung zum Besuch der Galerie Noran im Torhaus von Gut Panker: Kultur auf den Herrenhäusern hat viele Gesichter.

Die Nutzung der Herrenhäuser und Gutsareale für kulturelle Zwecke fügt sich, ähnlich wie die Landwirtschaft und das private Bewohnen, am glücklichsten in die Geschichte der Besitztümer ein. Denn für Kultur, also auch: die Kultur der Repräsentation, hatten alle Eigner immer viel übrig. Was sich heute wie eine Binsenwahrheit anhört, reichte in historischen Zeiten bis zu existentieller Problematik.

Häufig wurde durch Überschuldung ein An- und Verkaufsroulette in Gang gesetzt, das erst zum Stillstand kam, wenn ein neuer Besitzer nicht nur sein Interesse an der prächtigen Ausstattung, sondern auch seine Solvenz mitbrachte.

Salzau am Selenter See hat eine andere Geschichte; dennoch war es eine glückliche Fügung,

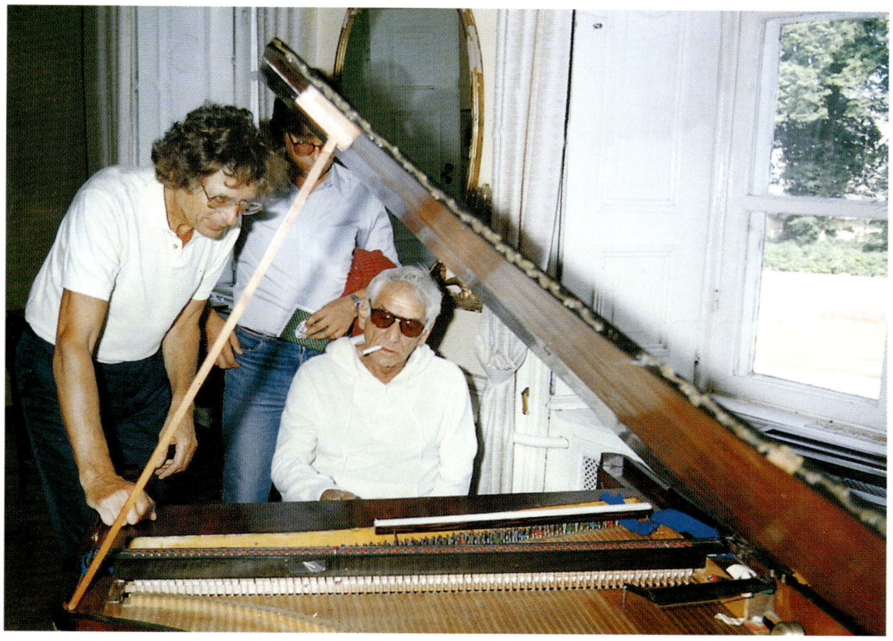

Hasselburg ist ein Musterbeispiel für die kulturellen Ambitionen der Besitzer. Die Abrißgenehmigung für die heruntergekommene große Gutsscheune lag schon vor, als buchstäblich in letzter Minute die Rettung geschah. Inzwischen sieht man dem perfekt instandgesetzten Gebäude kaum an, daß es einen der eindrucksvollsten Konzerträume des Landes beherbergt, in dem auch schon Leonard Bernstein (hier mit Andreas E. Beurmann und – halb verdeckt – Justus Frantz) gastierte.

daß das Land Schleswig-Holstein den riesigen Bau des Herrenhauses, für den sonst kaum eine Verwendung zu finden war, zum Landeskulturzentrum erkor mit der Aufgabe, durch Seminare und Tagungen, Künstlerbegegnungen, Konzerte und Ausstellungen ein lebendiger Ort der Begegnung zu sein. In der 1988 hinzugekauften Scheune finden, um nur ein Beispiel zu nennen, die Konzerte des renommierten Festivals „Jazz Baltica" statt.

Einen mirakulösen Spezialfall der kulturellen Wiederbelebung stellt auch das Herrenhaus Hasselburg dar. In der riesigen Scheune gastiert das in der Saison von Salzau aus gemanagte Schleswig-Holstein-Musik-Festival. Seinen Superlativ verdient Hasselburg jedoch, weil Hausherr Andreas E. Beurmann hier eine der größten Sammlungen alter Musikinstrumente zusammengetragen hat. Darunter das älteste erhaltene spanische Cembalo der Welt, erbaut 1624 von zwei spanischen Mönchen.

Das filigran wirkende, von dem Musikwissenschaftler wieder bespielbar gemachte Instrument, läßt sich wie viele andere seiner Kollektion als eine Art Gesamtkunstwerk bezeichnen – es ist nicht nur ein akustischer, sondern dank der Bemalung auch ein optischer Genuß.

Sein Erwerb ist eine Story für sich: Beurmann entdeckte es in einem spanischen Kloster. Dieses ehrwürdige Gemäuer brauchte dringend ein neues Dach, „denn es regnete fürchterlich durch. Und da sind wir überein gekommen", erzählt der Hasselburger nicht ohne Schalk, „daß ich das Dach finanziere und dafür das Cembalo erhalte".

Von vielen anderen kulturellen Aktivitäten, nicht nur auf Hasselburg, ist schon berichtet worden und wäre noch zu berichten, sodaß die Kultur auf den Herrenhäusern schließlich in eine „Herrenhaus-Kultur" einmündet, in historischen Zeiten und immer wieder auch heute.

Im Frühling, wenn das Herrenhaus noch nicht von den hohen Bäumen verdeckt wird, präsentiert sich Hasselburg samt Torhaus von seiner heitersten Seite.

SCHLESWIG-HOLSTEIN

und die in diesem Buch erwähnten Herrenhäuser

Service

Informationen zu den Herrenhäusern

Viele Herrenhäuser werden von ihren Eigentümern bewohnt. Das ist häufig die beste Gewähr für den Erhalt der Anlage. Bauwerk und Landschaft stehen auf den Gütern in engem Zusammenhang. Bitte beachten Sie dieses und respektieren Sie die Privatsphäre der Bewohner.

Nachfolgend werden nur diejenigen Herrenhäuser aufgeführt, die für das Buch besucht worden sind oder relevant waren.

Altenhof

Herrenhaus: Führungen nach Absprache für Gruppen ab 20 Personen möglich
Veranstaltungen (Kuhhaus): möglich
Nutzungen: Weihnachtsmarkt; Golfplatz/Golfclub; Schleswig-Holstein-Musik-Festival (SHMF)
Zusatzinfo: drei historische Gasthäuser in der Nähe (B 76)
Kontakt: Bethmann Hollweg, Tel. 04351-41334

Basthorst

Herrenhaus: privat, nicht zugänglich
Veranstaltungen: möglich
Nutzungen: Auf dem Hofgelände befinden sich die Werkstätten von Schuhmacher Benjamin Klemann, Fagottmacher Johannes Wahrig (04159-1372) und Textildesignerin Heyke Manthey (04159-465), eine Tischlerei sowie ein Lager mit Secondhand-Kleidern (Scheune); Weihnachtsmarkt; einmal im Jahr veranstaltet der Hamburger Schleppjagd-Verein auf Basthorst seine Schleppjagd (Informationen: 04532-8263)
Kontakt: Gutsverwaltung Tel. 04159-254

Breitenburg

Herrenhaus: Führung nach Absprache möglich
Veranstaltungen (Repräsentationsräume): möglich
Nutzung: Golfplatz/Golfclub; Reitturniere
Kontakt: Gutsverwaltung, Tel. 04828-293

Damp

Herrenhaus: privat, nicht zugänglich
Veranstaltungen: Hochzeiten in der Gutskapelle
Nutzung: Restaurant „Kuhhaus" (04352-1515); im Torhaus Antiquitätenhandel Norbert Benz (04352-1210)
Kontakt: Gutsverwaltung, Tel. 04352-2203

Emkendorf

Herrenhaus: Führung nach Absprache für Gruppen möglich; der Park ist öffentlich zugänglich (bitte das Gatter wieder schließen)
Veranstaltungen (Gutsscheune): möglich
Nutzung: SHMF
Kontakt: Baronin v. Lüttwitz-Heinrich, Tel. 04330-463

Farve

Herrenhaus und Gutsgelände: privat, nicht zugänglich
Nutzung: Antik-Markt in der Alten Meierei
Kontakt: Gutsverwaltung, Tel. 04361-2318

Glinde

Herrenhaus: zugänglich
Nutzung: div. Gruppen aus Glinde, Konzerte, Ausstellungen
Kontakt: Gemeinschaftszentrum Sönke-Nissen-Park-Stiftung, Tel. 040-7104737
Zusatzinfo: In Klockries, einem Ortsteil von Risum-Lindholm in Nordfriesland, ist typisch Friesisches aus dem Umfeld von Sönke Nissen im „Andersen-Haus" zu sehen; Kontakt über: Sönke Namanny (04661-5156)

Hasselburg

Herrenhaus: privat, nicht zugänglich
Veranstaltungen (Halle im Herrenhaus; Konzertscheune): möglich
Nutzung: Konzerte im Rahmen des Kulturkreises Hasselburg; Karten über Konzertagentur Haase, Neustadt i.H. (04561-2333); SHMF
Zusatzinfo: Die berühmte Sammlung historischer Tasteninstrumente aus fünf Jahrhunderten von Prof. Dr. Andreas E. Beurmann ist ab dem Jahr 2000 im Hamburger Museum für Kunst und Gewerbe zu sehen; CD „Historische Cembali, Spinette und Virginale" bei BMG Ariola
Kontakt: Tel. 04561-4434

Helmstorf

Herrenhaus: privat, nicht zugänglich

Hoyerswort

Herrenhaus: Besichtigung nach Anmeldung möglich
Zusatzinfo: Urlaub auf dem Bauernhof in geräumigen Appartements
Kontakt: Fam. Hamkens, Tel. 04864-294

Jersbek
Herrenhaus: privat, nicht zugänglich; der Park ist öffentlich (bitte auf den Wegen bleiben) und bietet bes. im Frühjahr ein schönes Ausflugsziel; bemerkenswertes Grabmal des Herrenhaus-Besitzers Paschen v. Cossel im angrenzenden Wald
Zusatzinfo: Landgaststätte an der Straße nach Bargfeld-Stegen

Kletkamp
Herrenhaus und Gutsgelände: privat, nicht zugänglich
Zusatzinfo: In der Karpfensaison Verkauf der Fische auch an Endverbraucher; im benachbarten Ort Kirchnüchel an der Kirche sehenswertes Mausoleum der Grafen Brockdorff

Knoop
Herrenhaus: Besichtigung nach Anmeldung möglich
Veranstaltungen (Repräsentationsräume): möglich
Kontakt: Gerhard Hirschfeld, Tel. 0431-361012

Louisenlund
Herrenhaus: Internat, nicht zugänglich
Zusatzinfo: Über das Gelände führt an der Schlei entlang ein öffentlicher Wanderweg; Autos vor dem Internatsgelände auf gekennzeichnetem Parkplatz abstellen

Ludwigsburg
Herrenhaus: Besichtigung nach Anmeldung möglich
Veranstaltungen (Festsaal/Keller im Herrenhaus): möglich
Nutzung: Feriengäste; Hofladen; Weihnachtsmarkt; Kutschfahrten; Reitbetrieb
Kontakt: Fam. Carl, Tel. 04358-988 18/19

Panker
Herrenhaus: privat, nicht zugänglich
Nutzung: Gaststätten „Ole Liese“ und „Forsthaus Hessenstein“; im Torhaus Galerie Noran (04381-418811)

Rastorf
Herrenhaus und Gutsgelände: privat, nicht zugänglich; ausgenommen der Gedenkstein für Christian Emil Rantzau (Wanderweg rechts vom Torhaus)

Salzau
Herrenhaus: zugänglich
Veranstaltungen (Herrenhaus und Konzertscheune): möglich, auch mit – begrenzter – Übernachtungskapazität
Nutzung: Festival „Jazz Baltica“; SHMF; permanente Kunstobjekte im Park
Kontakt: Landeskulturzentrum Schloß Salzau, Tel. 04303-180

Schierensee
Herrenhaus und Gutsgelände: privat, nicht zugänglich
Nutzung: SHMF
Zusatzinfo: Die Sammlung von Fayencen, die der vormalige Besitzer Axel Springer auf Sch. zusammengetragen hatte, ist jetzt auf Schloß Gottorf in Schleswig zu sehen.

Tremsbüttel
Herrenhaus: zugänglich
Veranstaltungen: möglich, auch mit – begrenzter – Übernachtungskapazität
Kontakt: Tel. 04532-2640 oder c/o Medial Event Marketing, Tel. 040-55905350

Wahlstorf
Herrenhaus und Gutsgelände: privat, nicht zugänglich

Weissenhaus
Herrenhaus: zugänglich
Veranstaltungen: möglich (z. B. Hochzeiten)
Nutzung: Restaurant, Schloßcafé; Schloßboutique; Ferienwohnungen; Erdbeeren zum Selberpflücken, Kartoffeln und Gemüse vom Feld
Kontakt: Management, Tel. 04382-350/352

Wotersen
Herrenhaus und Park: privat, nicht zugänglich
Veranstaltungen (Reithalle, Schafstall): möglich
Nutzung: SHMF; Weihnachtsmarkt
Kontakt: Management, Tel. 04158-88330

- Einen guten Einblick in die Adelskultur und die Ausstattung von Herrenhäusern bieten die Museen Schloß Ahrensburg (04102-42510) und Schloß Gottorf/Schleswig (04621-8130). Das Prinzenpalais in Schleswig als Sitz des Landesarchivs ist das einzige erhaltene dreiflügelige Herrenhaus in einer Stadtlage.

- Kartenzentrale des SHMF: Postfach 3840, 24037 Kiel, Tel. 0431-567080

- Weitere Auskünfte: Tourismusverband Schleswig-Holstein e.V., Niemannsweg 31, 24105 Kiel, Tel. 0431-5600

Literatur zum Thema

Einen summarischen Überblick verschaffen die beiden Sammelbände

- Henning von Rumohr/Hubertus Neuschäffer, Schlösser und Herrenhäuser in Schleswig-Holstein (Frankfurt am Main, 1983) und
- Hubertus Neuschäffer, Schleswig-Holsteins Schlösser und Herrenhäuser (Husum, 1992).

Handlicher und sachkundiger Reiseführer in Zusammenarbeit mit dem Landesamt für Denkmalpflege:

- Schlösser und Gutsanlagen in Schleswig-Holstein (Hamburg, 1998)

Als monographische Darstellungen über einzelne Herrenhäuser und Familien sind bemerkenswert:

- Franz Freiherr von Ruffin, Das Adelich Gericht Basthorst (erschienen 1988 als Band 18 der Schriftenreihe der Stiftung Herzogtum Lauenburg)
- Burkhard von Hennigs, Der Jersbeker Garten (Neumünster, 1985)
- Carl-Heinrich Seebach, Schierensee – Geschichte eines Gutes in Holstein (Neumünster, 1981)
- Andreas E. Beurmann und Heikedine Körting, Märchentraum Hasselburg (Lübeck, 1998)
- Christian Degn, Die Schimmelmanns im atlantischen Dreieckshandel (Neumünster, 1974)

Schon ein Standardwerk, dabei lesbar und reich bebildert:

- Adrian von Buttlar, Margita Marion Meyer (Hg.), Historische Gärten in Schleswig-Holstein (Heide, 1996)

Und ein kleiner optischer Leckerbissen:

- Deert Lafrenz, Jürgen Oswald, Das Zeichenbuch der Sophie Gräfin Reventlow – Ansichten aus Schleswig-Holstein um 1820 (Hamburg, 1989)

Angaben zu den Fotoseiten

Die Bilder des Fotografen Klaus Radtke zeigen auf

- S. 24/25: Morgenstimmung an der Straße von Plön nach Gut Nehmten
- S. 29: Lindenallee auf dem Gelände von Gut Ascheberg
- S. 44/45: Ackerlandschaft in der Nähe von Gut Kletkamp
- S. 60/61: Kastanie auf einem Rapsfeld bei Gut Horst
- S. 76/77: Morgenlicht an der Straße von Plön nach Bad Malente-Gremsmühlen
- S. 92/93: Kastanienbaum bei Gut Horst, im Spätherbst

Fotos

Marion Heinßen, Holger Heinßen

Klaus Radtke; Manju Sawhney; W. Meier; Gutsarchiv Schierensee; Archiv Andreas E. Beurmann; Schleswig-Holsteinische Landesbibliothek; Bibliothek Breitenburg; Privatarchiv Herrenhaus Rastorf

Danksagung

Alida Gundlach und der Autor, das ganze Team und der Verlag bedanken sich bei allen Herrenhausbesitzern für ihre Geduld, für die ausführlichen Gespräche und für die Bereitschaft, ihr Haus zu öffnen oder gar der Fotografin für eine Porträtaufnahme zur Verfügung zu stehen. Der Dank geht in gleicher Weise an die Vertreter der Institutionen Landesbibliothek, Landesarchiv, Landesmuseum und Landesdenkmalpflege, ohne deren Hilfe und Hinweise dieses Buch und die Fernsehserie über die „Herrenhäuser in Schleswig-Holstein“ nicht zu realisieren gewesen wären. Die Serie wurde hergestellt mit Unterstützung der MSH Gesellschaft zur Förderung audiovisueller Werke in Schleswig-Holstein mbH. Und da man immer auf den Schultern anderer sitzt, ist nicht zuletzt Dank abzustatten bei allen denjenigen, die sich bisher schon mit dem Thema „Herrenhäuser in Schleswig-Holstein“ beschäftigt haben und deren Erkenntnisse, besonders die wissenschaftlich fundierten, sehr wertvoll waren.

ISBN 3-8042-0851-7

Herstellung: Westholsteinische Verlagsdruckerei Boyens GmbH & Co. KG, Heide
Printed in Germany